A MENSCH MÖCHT I BLEIB'N

Wolfgang Ambros:
A Mensch möcht i bleib'n

www.edition-a.at

Redaktion: Saskia Blatakes
Coverfoto: Roland Defrancesco
Satz: Anna-Mariya Rakhmankina, Bastian Welzer

Gesetzt in der Premiera
Gedruckt in Europa

Einzelne in diesem Buch beschriebene Begebenheiten sind auch in der 2011 erschienenen Biografie enthalten. Sie stehen jetzt aber nicht in einem biografischen Kontext, sondern begründen oder belegen die für das Thema dieses Buches relevanten Gedanken oder Zusammenhänge.

3 4 5 6 7 — 25 24 23 22

ISBN 978-3-99001-534-6

Wolfgang Ambros

A Mensch möcht i bleib'n

Mein Leben zwischen
Schuld und Schicksal

edition a

Inhalt

Vorwort

Von Joesi Prokopetz

Was ich über Wolfgang Ambros sagen kann, habe ich schon einmal anlässlich der Verleihung des Großen Ehrenzeichens für Verdienste um die Republik im Jahr 2018 an ihn gesagt: Ich bin kein guter Chronist, aber es war mit an Wahrscheinlichkeit grenzender Sicherheit im berühmtberüchtigten 1968, als ich in die *Höhere Grafische Bundeslehr- und Versuchsanstalt*, damals gewissermaßen das *Gut Aiderbichl* für junge Gymnasialgescheiterte, entsorgt wurde.

Ich sehe es seit damals mit sukzessiv verschwimmender Deutlichkeit vor mir, wie ich in den ersten Tagen dieses neuerlichen schulischen Versuches den Pausenraum des Institutes betrat und dort einen, mich zunächst tief befremdenden Mitschüler bemerkte. Einen, der mürrisch in pubertärer Unproportionalität die ganze Verachtung für die Bereitschaft zur Revolte gegen die Leistungsgesellschaft ausstrahlend, ja geradezu ausdünstend, abgeschieden in wölfischer Einsamkeit, eine *Gitanes* ohne Filter nachlässig im Mundwinkel, in einer Ecke stand. Er war sehr schlank, ging fast schon ins Magere, war von besorgniserregender Blässe, und trug senffarbene Hosen mit – Bügelfalten. Und einen großzügig, ja verschwenderisch geschneiderten weinroten Blazer mit, und das ist mir heute noch unvergesslich, polierten goldfarbenen

Metallknöpfen. Er wirkte, unterstrichen von einem spitzigen erkerartig hervortretenden leptosomen Kehlkopf und wildem, chaotisch gelocktem Drahthaar, wie eine gelungene Karikatur eines Existenzialisten. Es war, wie sollte es aus gegebenem Anlass auch sonst sein, Wolfgang Ambros.

Wie wir ins Gespräch kamen, weiß ich nicht mehr. Ich erinnere mich jedoch ganz genau, dass er bereits in den ersten Minuten unserer Annäherung zunächst jede etwa aufkeimen wollende Philanthropie in mir totmachte. Indem er seinen Blick über die Schüler- und Professorenschar in diesem Pausenraum gleiten ließ, einen tiefen Zug von seiner Gitanes nahm und mit Rauch umwaberndem Antlitz und belegter Stimme sagte: »Dö Hölfte Faschisten.«

Ich sagte: »Und sonst?«

Er: »Lauter Spießer.«

Aber nicht nur das Menschenfreundliche in mir metzelte er damals dahin, sondern auch mein Weltbild. Mein Weltbild, das nicht zuletzt zurechtgezimmert war aus meinem Musikgeschmack. Ich äußerte einmal, dass ich unter anderem Fan von *Dave Dee, Dozy, Beaky, Mick & Tich* wäre, worauf er abweisend äußerte: »Kommerzler.« Keine Kommerzler waren für ihn *Frank Zappa, Jimi Hendrix, The Yardbirds, The Cream* und andere mir bis dato nur peripher geläufige Musikgruppen.

Diese Unduldsamkeit gegenüber meinem divergierenden Musikgeschmack, ja mehr noch, dieses rigorose Verdammen desselben, machte und macht, ich fürchte und hoffe es gleichzeitig, diesen Wolfgang Ambros aus. Weil sich seine despotische Haltung nicht nur gegen persönliche Musikvorlieben richtete, sondern auch gegen ganze Lebensentwürfe.

Ich wagte anfangs immer erst nach einem kurzen fragenden Blick auf die Miene des Wolfgang Ambros, mich zu irgendetwas zu äußern. Zeigten seine Züge oder sagte er gar, er ließe etwas gelten, so konnte ich es ruhigen Gewissens auch gelten lassen. Denn er teilte die Welt und alle ihre Emanationen in *leiwand* und *ned leiwand* ein. Das größte Lob, das er einem Gegenstand zollen konnte, war *sehr leiwand*.

Das führt mich zu einem kurzen anekdotischen Exkurs. Als ich vor einigen Jahren bei einer Austropop-Veranstaltung anlässlich eines Abends von Stefanie Werger in der Wiener Stadthalle auf großer Bühne auch zwei Songs singen durfte, durchaus zur Freude des Publikums, und danach zurück in den Backstage-Bereich kam, sagte Wolfgang Ambros ganz sachlich und in keiner Weise enthusiasmiert: »Fehlerlos.« Es war das größte Kompliment, das ich jemals von ihm bekommen habe. Nicht *leiwand* und schon gar nicht *sehr leiwand*, aber immerhin.

Wie sollte sich ein Mensch, ein Künstler, der in kürzester Zeit zur lebenden Legende geworden ist, auch zu einem lobhudelnden Menschen entwickeln, wenn er ab seinem zwanzigsten Lebensjahr überwiegend von Menschen umgeben ist, die ihm auf die Schulter klopfen, egal, was er von sich gibt oder was er tut? Die ein »Es is hoib ocht« von ihm mit einem »Pfoah, super Woiferl!« quittierten?

Dazu dieses unangenehm anbiedernde, vereinnahmende und ranschmeißerische *Woiferl*. Dieses durch das Anhängen des Diminutivs *-erl* an Wolf, sein Wolfgang-Sein, sein Wolf-Sein eben, in die Harmlosigkeit, in die Bagatellisierung, in die Verhaberung zu verhätscheln, habe ich schon immer als herabwürdigend empfunden.

Mich fragen noch immer Menschen, die schon ich nur beiläufig kenne: »Wie geht's dem Woiferl?« Menschen, die in Wahrheit nicht einmal »Herr Ambros« sagen dürften, so gar nicht sind sie mit ihm bekannt oder gar befreundet. Hier ist es interessant, dass den Menschen dieses »Woiferl« umso leichter über die Lippen kommt, je weniger sie mit ihm bekannt sind. Wer hätte noch nicht von Massensprechchören im Rahmen groß angelegter Ambros-Konzerte gehört, die aus tiefster Brust durchaus guttural *Woiferl* grölten.

Auf der anderen Seite ist dieses Woiferl aber ein unwiderlegbares Indiz dafür, wie Wolfgang Ambros die Seele der Menschen durchdrungen hat. Während es andere durchaus namhafte Künstler in diesem Land nur bis zu einem saloppen »der« oder »die« vor ihrem Zunamen bringen, ist es nur wenigen gegönnt, mit dem bis zum vollständigen Verlust des Distanzgefühls verzärtelten Vornamen in Besitz genommen zu werden. Es ist eine untrüglich österreichische Disziplin, zu zeigen, wie nachhaltig seine Präsenz, seine Musik, sein Impetus das Publikum bewegt, ja berührt.

Dabei war er beim Bewegen und Berühren in keiner Weise zimperlich. Er war nie beifallheischend oder in sonst einer Weise gefällig oder gefallsüchtig. Im Gegenteil: Er war sperrig, überbordend ehrlich und er verstellte sich nie. Mir wurde berichtet, dass bei einem Auftritt in einem fränkischen Dorf in einer ebensolchen Halle das ansonsten ausufernd akklamierende Publikum bei einem Song mit eher nachdenklichem Inhalt und vielleicht ein wenig sperriger Form nur leidenschaftslos applaudierte. Darauf Wolfgang Ambros: »Na des hob i ma imma so voagstöllt.« Und gleich darauf, bevor er mit dem nächsten Song begann: »Und eicha hässliche Halle do is a a schwere Niederlage.«

Weil weiter oben die Rede war von »er verstellte sich nie«: Eine wesentliche Facette des Wolfgang Ambros und seines durchschlagenden Erfolges ist Authentizität. Dieses unverrückbare Ich-selbst-Sein, das jedes kriecherische Verstellen um was auch immer zu erreichen a priori ausschließt. Es ist ein kompromissloses Annehmen seiner selbst, räsonierende Selbstverliebtheit und letztlich leichtfüßige Beratungsresistenz.

Sein Bauchgefühl und seine egozentristische Empathie haben ihn immer die richtigen Entscheidungen treffen lassen, zumindest, was die künstlerischen angeht. Entscheidungen, die der Erfolg schließlich bestätigt hat. Für mich ist und war er gewissermaßen der John Wayne, wenn mir diese schiefe Metapher gestattet ist, unter den österreichischen Populärmusikern, mit dem man ohne weiteres diesen Dialog führen könnte:

Ich: »Reiten wir nach Santa Fe, die Sonne putzen.«

Er: »Aber zuerst lass uns in Arizona die Kakteen rasieren.«

Ein so gelebter Charakter und ein so praktizierter Blick auf die Welt sind Vorbild für viele Menschen, die angesichts der linearen Kausalitäten seiner Kompositionen, seiner Interpretation derselben und dem Mythos des Wolfgang-Ambros-Seins in Bewunderung und Loyalität vielleicht nicht gerade erstarren, aber doch innehalten und staunen. Denn da singt, da spricht, da lebt einer, der den doch oft undeutlichen, ja dumpfen inneren Monolog der breiten Masse in Melodien und Worte fasst, in den diversen Frontallappen österreichischer Gehirne hier und da vielleicht sogar die ersten klaren Gedanken entstehen lässt und im besten Sinne des Wortes identitätsstiftend wirkt.

Identitätsstiftend paradoxerweise deshalb, weil er als Österreicher so unösterreichisch ist. Welcher Österreicher verstellt sich nicht? Hat eine klare Linie? Ein kompromissloses Wesen und Wollen? Ist unbeirrt und nicht gefallsüchtig und bleibt sich ein Leben lang treu?

Nur das Beratungsresistente, das aus seiner inneren Haltung resultieren muss, mag er mit dem traditionellen Österreichertum teilen, aber das ist auch schon alles. Alles Weitere ist Unbeabsichtigtes, sich aus einem Ich-kann-und-ich-will-auch-gar-nicht-anders Ergebendes und diente der Verbesserung, der Veredelung des österreichischen Momentes. Wolfgang Ambros ist so unösterreichisch österreichisch wie niemand sonst.

Hochverehrter Wolfgang Ambros, oder wenn ich mir aufgrund der langen Zeit erlauben darf, lieber Wolfgang. Ich freue mich über die Jahre, ja Jahrzehnte, die wir gemeinsam verbracht haben, und umarme dich innig!

Joesi Prokopetz ist Texter,
Kabarettist und Darsteller

Auferstehung

Ich war in der Hölle.

Jetzt wusste ich es, denn während ich in der Zeit davor – und ich hatte keine Ahnung, wie lange das gewesen sein mochte – nur immer wieder diffuse Gefühle des Unwohlseins verspürt hatte, war es ganz plötzlich völlig klar: Ich war gestorben und im Jenseits, und das Jenseits war die Hölle.

Rund um mich war Feuer, Wände von Feuer, die sich vor- und zurückbewegten und die, wenn sie sich mir näherten, eine grauenhafte Hitze verströmten. Ich wollte zurückweichen, doch beim kleinsten Versuch einer Bewegung breiteten sich blitzartig gleißende Schmerzen in mir aus. Höllische Schmerzen.

Dann bewegte sich alles rund um mich in eine Richtung. Erst langsam, doch gleich darauf mit höllischer Geschwindigkeit flog ich in der Mitte einer Feuersäule aufwärts und baumelte dabei nach links und rechts, was mir jedes Mal wieder fürchterliche Schmerzen bereitete. Ich versuchte zu schreien, doch ich konnte nicht.

Ich kam wieder zum Stillstand. Meine Schmerzen missachtend, wollte ich um mich schlagen und meine Verzweiflung hinausbrüllen, doch ich brachte nicht den leisesten Ton zustande. Da hörte ich Stimmen und gleich darauf legten sich Hände um meinen Hals. Panik erfasste mich! Ich war scheinbar doch noch nicht ganz tot und jetzt war der Teufel dabei, sein Werk endgültig zu vollenden. Ich spie Blitze und in meinem Hirn tanzten die Sterne.

»Ich sterbe«, hörte ich mich ziemlich laut krächzen.

Ich sterbe? Das hieß dann wohl, ich war noch immer am Leben.

Jetzt hörte ich auch eine sanfte und zugleich atemlos drängende Stimme und spürte eine weiche Hand auf meiner Schulter. »Wolfgang, du stirbst nicht.« Es war eine Frauenstimme. »Ich bin's, Eva.«

Jetzt, auf einmal, konnte ich ganz bewusst hören. Bis dahin waren da rund um mich nur Geräusche gewesen, der Soundtrack meines Ablebens sozusagen. Doch jetzt sprach jemand zu mir und die Stimme war mir vertraut. Eva kannte ich privat aus meinem Grazer Umfeld. Ich hatte gewusst, dass sie Assistenzärztin war, trotzdem hätte ich hier nie mit ihr gerechnet.

Ich versuchte, die Augen zu öffnen, was mir nach einigen Fehlschlägen gelang. Ich sah in das von tiefer Empathie verklärte Gesicht von Eva. Meine Erleichterung war grenzenlos. Ich war zwar schon öfter unter Narkose gestanden, bisher aber immer ganz normal daraus erwacht. Dass es diesmal anders gelaufen war, war wohl darauf zurückzuführen, dass es bereits später Nachmittag war, wie ich einer großen Wanduhr entnahm. Ich war neun Stunden lang weg gewesen.

All das erfasste ich nach und nach und auch, dass dieser Höllenritt nur der Transport vom Operationssaal in den Aufwachraum gewesen war. Der Blitz in meinem Hals war nur dem Entfernen des Atemschlauches geschuldet gewesen, den sie bei so langen Operationen immer einsetzen.

Da lag ich also. Eva sah mitleidig auf mich herab und bevor es mir selber noch so richtig bewusst wurde, meinte sie: »Du hast bestimmt ziemlich starke Schmerzen ...«

Tatsächlich, die waren auf einmal sehr real. Also schloss sie rasch einen Infusionsbeutel an, anscheinend mit der doppelten Dosis wie üblich, und bald stellte sich ein angenehmes, ja fast schon wohliges Gefühl in meinem ganzen Körper ein.

Ich stellte die Lehne meines Bettes ein wenig senkrechter und sah mich um. Da war ein Fenster und ich erkannte, dass es bereits dämmerte. Es war ja auch schon Ende Oktober. Ein weiteres Gesicht kam in mein näheres Blickfeld. Es gehörte einem Mann. Er war sichtlich erschöpft, trotzdem sah er mir konzentriert in die Augen. Erst jetzt erkannte ich ihn wieder. Es war der Arzt, der mich operiert und den ich erst am Tag davor kennengelernt hatte. Dr. Gerd Ivanic, Neurochirurg und Spezialist für Wirbelsäulen, zudem Leiter der Privatklinik Graz Ragnitz. »Wie geht es Ihnen?«, fragte er.

Ich versuchte ein Lächeln. »Ganz gut«, antwortete ich wahrheitsgemäß.

Er lächelte zurück. »Hervorragend, dann kann ich ja jetzt nach Hause gehen. Wir sehen uns morgen«, sagte er. Und schon war er weg.

Von der anderen Seite sah ich Eva wieder näher kommen, mit einer nett aussehenden Krankenschwester im Schlepptau. Man hatte ärztlicherseits beschlossen, mich die Nacht über in der Aufwachstation zu belassen. Das hieß, ich würde die nächsten Stunden unter Intensivüberwachung verbringen, und diese Schwester, die noch dazu aus Tirol stammte, wo ich lebe, hatte Nachtdienst.

Draußen wurde es finster und hier herinnen wurde es langsam lustig. Ich hatte ja praktisch den ganzen Tag geschlafen und Eva hatte scheinbar auch nichts Großes mehr vor, also fingen wir zu dritt zu quatschen an. Meine Kehle brannte zwar nach wie vor, aber wir hatten uns viel zu erzählen.

Es erwuchs in dieser Nacht eine geradezu magische Atmosphäre. Die Station leerte sich bis auf uns drei. Das leise Summen der Maschinen und dieses ganz besondere Licht trugen ein Übriges dazu bei, dass unser Lachen immer lauter und unsere Stimmung immer vergnügter wurde. Die beiden Mädels und ich, wir hatten eine ganz großartige, ja wunderbare Zeit.

Ich denke bis heute noch oft und mit Freuden daran zurück. Für mich war das wie eine Wiedergeburt nach all den Schmerzen, die ich in den Jahren davor durchlitten hatte. Und nein, jetzt, gute zwei Jahre danach, kann ich zwar nach wie vor nicht ohne Hilfe aufrecht gehen, es gibt für mich kein *Schifoan* mehr, kein Mountainbiken, kein Golfen, kein Sonst-Irgendetwas, stattdessen spaßbefreites Muskeltraining. Aber hey! Mir tuat so gut wie nix mehr weh, und das tuat guat, that‘s what I say! Die Wahrheit is so weiß wie Schnee.

Prolog

Du darfst keine Fehler machen. Fehler rächen sich. Manche rächen sich gleich, das sind die guten. Manche rächen sich erst später, das sind die schlimmen.

Ich glaube weder an den Himmel noch an die Hölle. Tot ist tot. An einen allmächtigen Gott? Vielleicht. Aber sicher nicht an den Gott irgendeiner Religion, schon gar nicht an den der Katholiken. Aus der Kirche bin ich längst ausgetreten. Die war als Erste da, wegen der Kirchensteuer, als vor fünfzig Jahren mein Aufstieg als Musiker begann. So eine Frömmigkeit brauche ich nicht.

Ich habe das Leben schon oft mit einer Runde Backgammon verglichen. Du würfelst. Das ist das Schicksal. Dann ziehst du. Das sind deine Entscheidungen. Du kannst mit deinen Entscheidungen alles aus deinem Schicksal machen. Fast alles. Vieles jedenfalls. Am Ende gewinnst du oder verlierst du. Wenn du gewinnst, ist es eine Mischung aus Glück und der richtigen Strategie.

Stimmt dieser Vergleich? Oder aber gibt es im Leben noch etwas anderes, das es im Backgammon nicht gibt? So etwas wie eine ausgleichende Gerechtigkeit zum Beispiel? Wenn dir das Leben zuerst alles, wirklich alles, in den Schoß legt, nimmt es dir dann ab einem bestimmten Punkt auch alles wieder weg? Und inwiefern hat das dann mit den Entscheidungen zu tun, die du getroffen oder nicht getroffen hast? Welche Rolle spielen Schuld und Sühne?

Wenn die Griechen Backgammon spielen, sagen sie dazu *Tavli*. Das bedeutet nichts anderes als Brett und sie meinen damit das Spielbrett, für das sie eine ganze Menge verschiedener Spiele haben. Immer die gleichen Steine, immer die gleichen vier mal sechs Felder, immer andere Regeln. Beim Backgammon musst du alle Steine in ein bestimmtes Feld bringen und von dort dann hinauswürfeln.

Anfang der 1980er-Jahre baute ich gemeinsam mit meinem Schlagzeuger Helmut »Nockerl« Nowak in Petraki auf der griechischen Halbinsel Pilion ein Haus. Tillmann Fritsch, ein groß gewachsener Deutscher, hatte dort für wenig Geld eine Bucht gekauft, die nur mit dem Boot gut erreichbar war und in der es zunächst nichts als ein altes Steinhaus, ein paar Olivenbäume und viel Macchia gab. Ein Stück davon verpachtete er uns. Die Propangasflaschen für den Herd mussten wir über einen steinigen Pfad hinaufschleppen. Der Strom kam aus einem Generator, bis wir Solarpaneele verlegen ließen, eine damals noch ganz neue Technologie.

Tillmann faszinierte uns mit seiner Kraft und seiner Weisheit. Wenn er eine Scheibtruhe einen Hang hinauf schob, zog er wie ein Strich nach oben. Nichts wackelte. Auch nicht, wenn die Scheibtruhe voll beladen war. Gleichzeitig war er ein Philosoph, der viele Geheimnisse zu kennen schien.

Das Leben in unserer Bucht war einfach und auf das Wesentliche beschränkt. Deshalb war es dort so schön. Nur das Meer, die Luft und die Sonne. Mehr brauchst du nicht. Wäre der Atomkrieg gekommen, hätten wir monatelang überleben können. Dieser Gedanke ging uns damals oft durch den Kopf. Wir hatten Energie von der Sonne. Das Wasser kam aus einer Quelle. Vor uns lag das Meer mit den Fischen darin.

Petraki wurde im Laufe der Jahre meine zweite Heimat. Die Griechen behandelten mich bald wie ihresgleichen. Ich entkam dort dem Tournee-Leben und verwandelte mich von einem Rockstar in einen Menschen. Schrieb neue Songs. Neben einigen der schönsten Dinge passierte mir auf diesem Fleckchen Erde allerdings auch eines der schrecklichsten. In einer Gefängniszelle in der Gegend dort wurden einige meiner Haare über Nacht grau, nachdem ich einen Mann sterben gesehen hatte.

In Petraki jedenfalls saß ich besonders oft Menschen an diesem *Tavli*, diesem Spielbrett, gegenüber, auf dem die gnadenlose Zufälligkeit der Würfel manchmal mehr zählt als alle deine Pläne und Strategien. Wie im Leben ist dabei das Ende bis auf die Frage, wer gewinnt und wer verliert, schon am Anfang klar. Warum du die Steine genau so und nicht anders aufstellen und warum du sie in genau diese und nicht in die andere Richtung ziehen musst, weiß kein Mensch. Irgendjemand hat sich bestimmt irgendwann einmal irgendetwas dabei gedacht.

Du hältst zwei Würfel in der Hand und wenn du sie wirfst, kann es sein, dass der Wurf genau passt. Dann kannst du deinen Gegner vielleicht zurück zum Anfang schicken. Oder du kannst Steine aufeinander legen, dann kann ihnen dein Gegner nichts anhaben. Vielleicht würfelst du einen Pasch mit gleicher Augenzahl auf beiden Würfeln. Dann kannst du diese Augenzahl gleich viermal ziehen, genau wie bei *Mensch ärgere dich nicht.* Überhaupt ähneln einander die beiden Spiele, bloß fährst du beim *Mensch ärgere dich nicht* deinem Gegner hinterher, während er dir beim *Backgammon* wie ein Geisterfahrer entgegenkommt.

Ich liebe die Unvorhersehbarkeit dieses Spiels. Es kann sein, dass du noch gewinnst, obwohl du die ganze Zeit schlechte Würfe hattest. Es geht um dich. Du darfst keine Fehler machen. Fehler rächen sich. Manche rächen sich gleich, das sind die guten. Manche rächen sich erst später, das sind die schlimmen. Und du musst etwas riskieren. *No risk, no win.*

Manchmal drängen sich Entscheidungen als alternativlos auf. Du kannst deine Steine nur noch auf eine ganz bestimmte Weise ziehen. Du hast zu diesem Zeitpunkt keine andere Möglichkeit. Du bist nicht mehr frei.

Vielleicht scheint es aber auch nur so. Vielleicht musst du bloß deine Möglichkeiten erkennen. Vielleicht kommt es in Wirklichkeit noch immer darauf an, ob du das Richtige oder das Falsche tust. Du wirst es am Ende des Spiels wissen.

Es gibt Wendepunkte, im Backgammon genau wie im richtigen Leben. An denen siehst du, wie es läuft. An den Wendepunkten meines Lebens war ich, bis 2008, als ich 56 wurde, trotz zwischenzeitlicher Krisen immer Sieger. Ich hatte Erfolg. Ich war gefragt. Ich hatte meine Frau Margit an meiner Seite. Einen Sohn. Eigentlich hatte ich alles.

Ohne Vorwarnung fielen die Würfel dann so, wie ich es nie für möglich gehalten hätte. Ich schlitterte in die dunkelste Krise meines Lebens. Sie war dunkler als alles andere, was ich bis dahin an Dunklem erlebt hatte. Dunkler sogar als jene Nacht in der Gefängniszelle, in der meine Haare grau geworden waren. Es war eine neue Dimension von Dunkelheit.

War das ausgleichende Gerechtigkeit?

Schuld?

Schicksal?

Als ich am Boden lag, fing ich an, darüber nachzudenken.

Dieses Buch ist keine Biografie und schon gar keine Heldengeschichte. Ich will mich weder feiern noch damit prahlen, wie geläutert und reflektiert ich doch geworden bin. Ich will nur noch eines sein und bleiben: ein Mensch. Ein Mensch, der niemandem mehr etwas beweisen muss.

Einer, der ehrlich ist.

Vor allem zu sich selbst.

Der mit sich im Reinen ist.

Deshalb gibt es jetzt dieses Buch: Weil ich versucht habe, Antworten zu finden auf die Fragen, die ich mir in dieser dunklen Zeit gestellt habe.

Koste es, was es wolle

Manchmal sind auch im echten Leben Entscheidungen alternativlos. Es sind Momente der Unfreiheit. Und trotzdem zahlst du dafür einen hohen Preis.

Mit 56, im Jahr 2008, saß ich einem Urologen gegenüber und hörte seine Diagnose wie ein Schuldiger sein Urteil. Prostatakrebs. Ich hatte nur einen einzigen Gedanken: Der Krebs muss weg. Koste es, was es wolle. Ich wollte ihn mit aller Kraft aus meinem Körper jagen. Mit allen Mitteln, die mir zur Verfügung standen. Ich kannte die Alternative. Sterben, und zwar qualvoll.

Es ist immer die eine Frage, wie du mit so etwas umgehst, und die andere, wie die Welt damit umgeht, falls sie sich dafür interessiert. Ein Boulevard-Magazin schrieb, ich hätte Leberkrebs. Es erklärte mich damit für tot. Leberkrebs ist bei der Diagnose meist so weit fortgeschritten, dass es keine Chance auf Heilung mehr gibt. Die Unmoral des verantwortlichen Herausgebers machte mich wütend.

Mein Onkologe war zum Glück kompetent und einfühlsam. Das half mir, die Strahlentherapie, die Medikamente und das ganze Dahinvegetieren durchzustehen. Am Ende zählte nur, dass ich es schaffte. Der Krebs war wirklich weg. Aber nichts ist umsonst. Ich konnte nur diese eine Entscheidung treffen. *Die Prostata lahmlegen, sonst war's das.*

Das einzige Gute am Krebs für mich war, dass damit an Kinder nicht mehr zu denken war. Das war bei uns ein Thema. Die Frau, mit der ich damals zusammen war, war deutlich jünger als ich und wünschte sich welche. Die Prostata lahmzulegen bedeutete aber auch, auf die für die Zeugung von Kindern entscheidende körperliche Funktion zu verzichten.

Die Frau, so und nicht anders werde ich sie in diesem Buch nennen, und ich redeten in meinem Haus in Waidring darüber. Sie reiste aus dem bayerischen Freising, wo sie damals lebte, nach Tirol, ich aus Wien. Ich schlug ihr an unserem Esstisch die Trennung vor, zumal die Grundlage unserer Beziehung nicht mehr existierte. So sagte ich ihr das auch.

Es war kein Akt der Verzweiflung für mich. Wir hatten einander schon länger nicht mehr richtig glücklich gemacht. Sie jedenfalls nicht mich. Wie es andersherum war, weiß ich nicht genau. Jedenfalls war es eine von diesen Beziehungen, bei denen du dir immer wieder denkst: Aus, vorbei, Schluss, Ende. Irgendwie war sie dann doch immer unentbehrlich gewesen.

Einmal stöberte sie mich in Afrika auf, wohin ich vor ihr geflüchtet war. Auf einmal stand sie in dem Haus, in dem ich wohnte. Sie war mit ihren Freundinnen dann noch eine Weile im Ort und am Strand. Ehe ich selbst heimflog, sagte ich ihr am Telefon, dass ich mit einer anderen kommen würde. Trotzdem. Sie blieb immer da. Vermittelte den Eindruck, dass sie sich voll hingab. Ich wollte weg von ihr, nichts wie weg, dann brauchte ich sie wieder oder bildete mir das zumindest ein. So eine Beziehung war das. Bis sie hatte, was sie wollte, und mich genau in dem Moment verließ, in dem ich sie am dringendsten gebraucht hätte.

Nach der Prostata-Operation fragte ich mich: Was will diese junge Frau, die von einer Familie träumt, mit einem an Prostatakrebs erkrankten Mann?

Ich dachte, sie würde weinen, schreien oder aufstehen und gehen. Nichts dergleichen tat sie. Sie starrte mich nur an. Ich redete einfach weiter und stellte auch ihr diese Frage: »Was willst du als junge Frau, die von einer Familie träumt, mit einem an Prostatakrebs erkrankten Mann?«

Als ich die Krebs-Tortur hinter mir hatte, konsultierten wir wieder den Urologen, der den Krebs diagnostiziert hatte. Er war vom alten Schlag, ein reiferer Herr im weißen Kittel und mit konservativen Werten. »Von Ihnen?«, fragte er, als ich ihm sagte, dass die Frau noch ein Kind wollte.

Ich nickte. Frauen können in diesem Punkt sehr überzeugend sein.

Sie hatte die Kinderfrage im Internet recherchiert und schließlich gemeint, dass sie das Problem schon lösen werde. Ich solle sie nur machen lassen.

Die Zwillinge, die so entstanden, ein Bub und ein Mädchen, nannten wir Sebastian und Rosalie. Es sind zwei wundervolle Menschen, die da 2010 zur Welt kamen. Doch der Krebs war erst der Anfang. Nach diesem Kinnhaken verpasste mir das Leben einen Leberhaken.

Kaputt

Das Schreckliche im Leben kündigt sich wie das Beste immer wieder leise an. Du musst nur wachsam sein und die Zeichen sehen.

Was du im Leben würfelst, kannst du wie gesagt nicht beeinflussen. Wenn du Glück hast, sind ein paar gute Würfe dabei. Manche Menschen kriegen gleich zu Beginn nur Sechser. Sie haben liebevolle Eltern, viel Geld und sehen auch noch fantastisch aus. Bei manchen Menschen sind alle Würfe miserabel. Sie kommen behindert oder in einer bettelarmen Familie zur Welt.

Das Schicksal gibt die Karten, der Einsatz ist das Leben. Was liegt, das pickt und es wird kein zweites Mal geben. Das ist der Refrain eines Songs, der 2006 auf meinem Album *Steh grod* erschien. Die letzte Strophe geht so:

Spiel dein Spiel mit ganzer Kraft,
du waßt, wos am Spiel steht,
Setz alles, wos du host auf's Spiel,
aber spiel di ned,
aber spiel di ned!

Habe ich mich gespielt? Zu lange?

Eines der Zeichen, mit denen sich alles ankündigte, war eine Aufnahme, die im Fernsehen lief. Sie stammte aus der Zeit, als mein Musikerkollege Rainhard Fendrich, mein

Freund Georg Danzer und ich gemeinsam als *Austria 3* auf der Bühne standen. Was ich in diesem einen Augenblick sah, schockierte mich.

Da waren Rainhard, Georg und ich. Wir stiegen aus einem Auto und gingen hintereinander auf ein Gebäude zu. Keine Ahnung, was wir dort wollten. Vielleicht waren wir auf dem Weg zu einem Konzert oder einem Interview. Das Auffällige waren meine Bewegungen. Die Erkenntnis traf mich wie der Blitz. Ich starrte auf den Bildschirm und dachte: Das kann nicht sein! Ich gehe wie ein Krüppel! Es ist ein schreckliches Gefühl, wenn du dich auf einmal selbst kaum mehr erkennst.

Bald humpelte ich. Das Einzige, was ich an Sport noch länger schaffte, war Golfen. Doch wenn in deinem Leben gerade eine Menge los ist und das meiste davon wunschgemäß oder noch besser läuft, gelingt dir das. Dann zuckst du genervt, wenn ein Bein nicht so will wie du und wartest, dass es besser wird. Schließlich merkst du, dass etwas, das dir in deinem Leben immer besonders wichtig war, auf einmal nicht mehr geht: *Schifoan.*

Am Freitog auf'd Nocht montier i die Schi
Auf mei' Auto und dann begib i mi
In's Stubaital oder noch Zell am See
Weil durt auf die Berg ob'm ham's immer an leiwaund'n Schnee
Weil i wü', Schifoan, Schifoan, wow-wow-wow-wow, Schifoan
Weil Schifoan is des Leiwaundste
Wos ma sich nur vurstelln kann
…

Ich habe den Sport, dem ich den Song, der so anfängt, gewidmet habe, immer geliebt. Ich erinnere mich an den Tag, an dem ich meine ersten Skier bekam. Ich war vier. Mein Elternhaus im Wienerwald stand auf einem Hügel. Nach hinten hatte er einen Abhang, der sich im Winter in eine Piste verwandelte. Mein Vater war nicht zimperlich. Nachdem er die Piste präpariert hatte, schnallte er mir die Skier an, stellte mich an die höchste Stelle und sagte: »Schneepflug!«

In dem Alter machst du dir keine Gedanken. Du tust einfach. Du bist einfach. Ohne Angst. Ich jedenfalls habe schon immer im Leben darauf geachtet, mir von der Angst nicht allzu viel raten zu lassen.

Ich raste im Schuss hinunter. Vielleicht hatte mein Vater vergessen, mir den Schneepflug beizubringen, oder ich ignorierte seine Anweisungen. Letzteres ist wahrscheinlicher. Mir riss es jedenfalls die Füße auseinander und ich stürzte talwärts, bis ich nicht mehr wusste, wo oben und wo unten war. Ich hörte meine Mutter schreien, daran erinnere ich mich noch.

Aber der Skisport ließ mich nie wieder los. Seinetwegen zog ich nach Tirol. Seinetwegen arbeitete ich vorübergehend sogar als Skilehrer, obwohl ich es zu diesem Zeitpunkt finanziell nicht mehr nötig hatte. Für mich war es tatsächlich immer das *Leiwaundste*, diese steilen, weißen Pisten hinunterzuwedeln beziehungsweise hinunterzucarven. Dieses sanfte Gleiten, das Stauben beim Wenden und die Geschwindigkeit. Das Gefühl, wenn die schneidend kalte Luft hart an deinem Gesicht streift.

Das beste überhaupt ist das *Freeriden* im freien Gelände. Ich bin mit einigen Freunden bis nach Kanada geflogen, um dieses Gefühl zu erleben, in eine Lodge in den Rocky Mountains, die einem Vorarlberger gehörte. Wir konnten bis zur Brust unter dem Schnee fahren, so fein war der.

Jetzt konnte von Carven keine Rede mehr sein.

Immer wieder fuhr ich mit der Gondel hinauf und schnallte mir die Skier an, was mit meinem schmerzenden Rücken schwer genug war. Dann versuchte ich, möglichst sportlich, oder zumindest irgendwie hinunterzukommen. Bloß konnte ich Schwünge nicht mehr zu Ende fahren. Ich konnte noch in eine Richtung lenken, aber ich schaffte es nicht mehr, die Kurve zu vervollständigen. Die Skier machten einfach nicht mehr, was ich wollte.

Ich war so weit. Ich stellte mich dem Problem. Das war schmerzhaft. Psychisch.

Wenn du dir eingestehst, dass dein Körper nicht mehr tut, was du von ihm verlangst, ist das eine heftige Erfahrung von Kontrollverlust. Die braucht kein Mensch und trotzdem machen sie die meisten von uns irgendwann in ihrem Leben. Sie erleben den Verfall. Manche früher, manche später. Zuerst siehst du ihn bei deinen Eltern. Sie werden älter und du musst mitansehen, wie sie langsam, aber sicher weniger werden. Weniger stark, weniger klar. Es ist gut, wenn du irgendetwas für dich aus dieser Erfahrung mitnehmen kannst. Denn bald genug fängt es bei dir selbst an.

Bei den meisten Menschen ist das Älterwerden ein Prozess von Jahrzehnten. Sie haben Zeit, sich damit abzufinden. Mit dem allmählichen Abbau von allem. Mit der wachsenden Erschöpfung und den steifer werdenden Gelenken. Bei mir ging das schlagartig. Ich wurde sozusagen über Nacht zum Greis, relativ kurz nachdem Skifahren für mich vorbei war.

Zunächst vereinbarte ich einen Termin im Spital in St. Johann in Tirol. Ich habe dort einen Freund. Doktor Robert Siorpaes heißt er. »Du humpelst ja«, sagte er erstaunt, als ich ins Behandlungszimmer trat.

»Ich kann nicht anders«, antwortete ich.

Auf den Röntgenaufnahmen konnte auch ein Laie erkennen, dass etwas mit meiner Wirbelsäule nicht stimmte. Es war grausam, es so weiß auf schwarz vor mir zu sehen. Klammheimlich hatten sich meine Knochen verformt. Wie ein Baum, der jahrelang im Sturm steht und langsam, aber sicher krumm und schief wächst.

Mein Freund Robert hatte eine andere Assoziation. »Dein Rückgrat schaut aus wie die Streif«, sagte er cool.

Für alle, die sie nicht kennen: Die Streif, das ist die legendäre Abfahrt am Hahnenkamm bei Kitzbühel. Sie führt steil hinab ins Tal, macht am Ende noch zwei Kurven und fällt dann mit einem Knick im Gelände noch einmal ab. Mit der S-Form einer gesunden Wirbelsäule hat sie nichts zu tun.

Wir starrten beide auf diese unwirkliche Röntgenaufnahme. »Was machen wir da?«, fragte ich verzweifelt.

»Da müssen wir schauen«, antwortete er. »Wir brauchen einen Kapazunder. Ich selbst kann das nicht.«

Er ist ein guter Orthopäde, operiert aber eher Knie und Hüften und solche Dinge. Er ist kein Spezialist für Wirbelsäulen. Dafür brauchst du einen Neurochirurgen. Die Wirbelsäule ist extrem kompliziert. Sie ist dein Leben. Wenn sie abbricht, bist du tot oder zumindest querschnittsgelähmt.

Vor allem von meiner Mutter lernte ich, mich nicht zu beschweren und möglichst alles still zu ertragen. Sie lebte mir vor, wie sich Herausforderungen und Anstrengungen stoisch annehmen und ertragen lassen. Wie wichtig es ist, anderen keine Last zu sein. Das brauchst du im Leben. Diese Härte. Die Fähigkeit, etwas einfach hinzunehmen. Du musst dich zusammenreißen und weitermachen können. Koste es, was es wolle.

Meine Mutter wuchs nördlich von Wien im Waldviertel auf, in einer bäuerlich geprägten Gegend, als jüngstes von sieben Kindern. Als sie noch klein war, brachte ihre älteste Schwester schon ihr eigenes erstes Kind zur Welt.

Für Frauen und auch für Männer gab es kaum Wahlmöglichkeiten. Das Leben war vorbestimmt und es war hart. Meine Mutter musste früh mit einem beschwerlichen und kargen Alltag zurechtkommen. In einer großen Bauernfamilie gab es für seelische Not keinen Platz. Die Kinder mussten funktionieren und den Mund halten.

Das heißt nicht, dass meine Mutter gleichgültig oder kaltherzig war. Sie machte sich immer Sorgen um mich und das oft genug zu Recht. Das tut mir im Nachhinein leid. Sie machte sich aber überhaupt immer wegen allem Sorgen. Erst jetzt, mit neunzig, ist das vorbei. Jetzt ist ihr alles egal und sie hat nur mehr ihren Spaß. Für mich ist sie eine Heldin. Ein Mensch, der durch ein hartes Los zäh und robust geworden ist.

Auch ich war immer eher stoisch. Ich nahm das Leben, wie es nun einmal war, und das hatte eben nichts mit Religion oder komplizierter Philosophie zu tun, sondern mit ihrem Vorbild. Deshalb jammerte ich auch jetzt nicht lange, sondern konsultierte Spezialisten. Die meisten schüttelten die Köpfe. »Ein Wunder, dass es überhaupt noch so gut geht, wie es geht«, sagten sie. Nur ein junger Arzt nickte. »Das machen wir«, sagte er.

Nach der Operation war mein Rücken endgültig verpfuscht. Ich war vollends verkrümmt und litt unerträgliche Qualen. Der Arzt war einfach ein Großmaul gewesen.

Dann liegst du da, und während dir nach der Narkose die Welt dämmert, in der du lebst, dämmert dir auch, dass da etwas ist, das nie mehr gut wird. 1980, rund drei Jahrzehnte davor, hatte ich auf meinem Album *Weiß wie Schnee* den Song *Kaputt und munter* veröffentlicht, dessen Text sich jetzt teilweise als prophetisch erwies. Darin gibt es diese vier Zeilen:

Mei ganzes Leb'n is a Strof,
I bin so bled, i bin so blind.
Oba irgendwo, i waß genau,
Hob i a mei Strof vadient!

Nichts ging nach dieser Operation mehr. Ich humpelte am Stock. Wie ein Greis. Wie ein Greis mit quälenden Schmerzen. Mir fiel der Himmel auf den Kopf. Mein Selbstwertgefühl war weg. Mein Körper war geschunden. Ich schleppte mich von einem Tag zum nächsten. Ich liebe Menschen und brauche meine Freunde um mich, aber jetzt wollte ich nur noch allein sein. Vielleicht, weil ich mich schämte. *Ich bringe es nicht mehr.* Mit diesem Gedanken musst du erst fertigwerden. Schwach zu sein und hilfsbedürftig, das war für mich nie eine Option gewesen. Es passte nicht in das Bild, das ich von mir hatte.

In jüngster Zeit häufen sich Geschichten über psychische Erkrankungen und Depressionen. Auch bei Menschen, bei denen du das nie erwartet hättest. Depressionen scheinen salonfähig geworden zu sein. Wenn ich jetzt so etwas von Freunden höre oder über Prominente lese, denke ich manchmal: Wenn das alles Depressionen sein sollen, war ich damals auch depressiv, und zwar gewaltig. Ich bezeichnete meinen inneren Zustand bloß nicht so. Wenn du in so einem bodenlosen Loch steckst, merkst du gar nicht richtig, wie es um dich steht. Schleichend gewöhnst du dich daran, dass dein Leben nicht mehr so schön ist, wie es war. Dass es schrecklich geworden ist.

Ich lebte nach dieser ersten Operation jedenfalls in kompletter Dunkelheit. Zurückgezogen. Einsam. Im Rückblick wahrscheinlich hochgradig depressiv. Und da kam der nächste Schlag. Es war der K.-o.-Schlag und auch dabei entwickelte sich meine Beziehung zu der Frau auf eine Art weiter, mit der ich so nicht gerechnet hätte.

Just when I needed you most

Wenn es stockdunkel um dich ist, schaltet dein System auf Überleben und alles andere zählt nicht mehr.

Ich war ein Krüppel und fühlte mich auch wie einer. Unnütz und wertlos. Meine Wirbelsäule war versteift bis knapp über dem Kreuz und wo die Versteifung endete, begann die Qual. Jetzt drohte mein Rücken dort zu brechen. »Was ist?«, fragte ich die Frau, als sie eines Tages in der Tür stand und mich wortlos ansah.

Ich lebte zurückgezogen und einsam. Wenn ich versuchte, irgendetwas zu machen, gelang es mir nicht. Wenn ich mich von einem Ort zu einem anderen bewegen wollte, stürzte ich ständig.

Die Frau war wegen ihres Jobs jede Woche einige Tage daheim in Freising und nahm immer die Zwillinge mit. Während sie arbeitete, waren sie bei ihrer Mutter. Als sie dieses Mal wiederkam, hatte ich das Gefühl, dass neben allem anderen noch etwas nicht stimmte. Doch sie zuckte nur mit den Schultern. »Was soll sein?«

Doch, da ist etwas, dachte ich, dann beschäftigte ich mich nicht mehr damit. Ich hatte zu viel mit Überleben zu tun. Einige Tage später stand sie wieder in der Tür. »Ich will die Trennung«, sagte sie.

»Was?«

»Ich will das nicht mehr«, sagte sie kalt.

»Und wie stellst du dir das vor?«, fragte ich.

Mein Haus steht am Rand von Waidring. Ein hübscher kleiner Garten. In der Ferne ist die Straße zu hören. Gleich nebenan erstreckt sich eine Hotelanlage mit großem Parkplatz. Zum Haus gehören Räumlichkeiten einer Diskothek, die ich hier einmal mit einem Freund betrieben habe und die wir jetzt für Proben nützen. Ringsum die Berge. Hier stapfen wir durch weißen Schnee, wenn im Wienerwald, aus dem ich komme, höchstens etwas Raureif die Zweige bedeckt oder eine dünne Kruste, halb Eis, halb Schnee, das darunterliegende Gras schwärzt.

Die Frau hatte einen anderen. Einen aus dem Dorf. Er war selbst noch verheiratet, lebte aber bereits in Trennung. Er und seine Frau hatten sich das Haus aufgeteilt und Türen zugemauert. So stellte sie sich das auch bei uns vor. Das Haus teilen, sie oben, ich unten. Und er bei ihr oben. Ich kannte den Mann. Er hatte nach Waidring eingeheiratet. Ich hatte mich ab und zu bei einem Bier mit ihm unterhalten. Ich konnte es nicht fassen, als sie mir eröffnete, sie wolle mit ihm hier in unserem Haus leben.

Ich hatte Erfahrungen mit schwierigen Trennungen. Mit Margit, meiner ersten Frau, war ich längst wieder im guten Einvernehmen. Wir waren geschieden und es war alles auf Punkt und Beistrich geregelt. Das Gericht hatte mich als allein schuldig erkannt, weil ich wiederholt die Ehe gebrochen hatte. Ich sah das nicht ganz so, aber letztendlich war es in Ordnung gewesen. Ich überließ ihr unser Haus in Pressbaum, in dem wir gemeinsam gelebt hatten. Aber jetzt war das etwas anderes. Der Plan der

Frau kam mir absurd vor. »Wie soll das gehen?«, fragte ich sie.

»Ich mache das schon«, sagte sie lapidar. »Halte dich von jetzt an einfach aus meinem Leben heraus.«

»Und was ist mit den Kindern?«, fragte ich.

Auch für sie hatte sie einen Plan, den ich erst allmählich verstand.

Zwischendurch fiel ein Satz, der blieb. Den ich danach mit mir herumtrug und heute noch mit mir herumtrage. Er markiert einen dieser Momente, in denen du dich fragst, ob es noch weiter nach unten gehen kann. »Ich sehe dir sicher nicht beim Sterben zu«, sagte sie.

Das Haus behielt ich am Ende. Dafür fand ich eine Lösung. Die Kinder entfremdeten sich mir. Dafür fand ich keine Lösung. Ich bin nur ein Musiker, aber sie ist Sozialpädagogin und weiß, wie du mit Kindern sprechen musst, wenn du etwas Bestimmtes bei ihnen erreichen willst. Ich kann die beiden nicht einmal mehr besuchen. Sie wollen nichts mehr von mir wissen. Sie sind jetzt elf und haben Handys. Bei dem Buben habe ich es erst gar nicht probiert, da wusste ich, dass ich chancenlos bin. Dem Mädchen schrieb ich noch einige Male, um die Beziehung zwischen uns irgendwie aufrecht zu erhalten. Ich bekam nichts als ein dürres Danke. Daraufhin beschloss ich, es dabei zu belassen und den nächsten Schritt, so es einen geben würde, den Kindern zu überlassen.

Gerade eben noch war ich Skifahren und Golfen gewesen, ein glücklicher Vater eines erwachsenen Sohnes und zweier kleiner Kinder, und alle Dinge hatten eine Perspektive gehabt. Jetzt wusste ich nicht mehr, wie ich alleine von

A nach B gelangen konnte und worauf ich hoffen sollte. Es war, als hätte mir jemand das Herz herausgerissen.

Fünf dunkle Jahre vergingen. Jahre des körperlichen Elends, in denen ich um das Haus ringen musste und allmählich meine Kinder verlor. Denn zunächst war es ein Hin und Her. Zugemauerte Türen. Wer darf welches Zimmer benützen? Die Frau versuchte, das ganze Haus zu übernehmen. Dann war sie weg, doch mit ihr gingen auch Sebastian und Rosalie.

Später, ganz unabhängig von meinem eigenen Leben und einfach aus Begeisterung dafür, übersetzte ich den Song *Just when I needed you most,* den Dolly Parton berühmt gemacht hatte. Die letzte Strophe meiner Version geht so:

I geh weg vom Fenster
Und hie zum Computer
I hab jo no andere Freind
Es is hoit manchmal olles ganz anders
Ois es dir momentan scheint
I lieb di fast nimmermehr – jeden Tog weniger
Waß gor nimmer, wia du ausschaust
Du host mi verlossen
Wo i di wirklich hätt braucht

....

In den folgenden fünf Jahren war ich nur noch eine Hülle und alles, was in mir pochte, war der Schmerz. Ein Schmerz, der war, als würde dich dein Körper unaufhörlich mit schriller Stimme anschreien. Wer das nicht selbst erlebt hat, kann es sich nicht vorstellen. Wenn du abends im Bett liegst, sind es diese Schmerzen, die dich wach halten. In der Früh wecken sie dich. Sie lassen nie nach. Sie sind deine ständigen Begleiter.

Die Ärzte geben dir etwas zur Linderung. Oder sie jagen dir Cortison zwischen den Wirbeln hindurch direkt ins Rückenmark. Cortison, diesen miesen Stoff mit all seinen Nebenwirkungen. Schlafstörungen. Gewichtsabnahme. Nach der Operation verlor ich in drei Monaten zwölf Kilo, hauptsächlich Muskelmasse, weil du dich nicht mehr bewegen kannst. Ich verfiel regelrecht. Im Vergleich zu dem, was ich jetzt erlebte, war mein Leidensweg mit dem Prostatakrebs nichts gewesen.

Die Krebsdiagnose war ein Kinnhaken.

Die Rückenoperation war ein Leberhaken.

Der Verlust meiner Kinder war das K. o.

Und das war dann noch immer nicht alles.

Stumm

Es heißt immer, es gibt keine Kunst ohne Leid. Aber es gibt auch eine Art zu leiden, bei der alles stumm und taub wird und du den Ausweg nicht siehst.

Ich habe das Komponieren, das Spielen, die Konzerte und mein Publikum immer geliebt. Das war mein Leben. Dieser Moment, in dem du auf die Bühne kommst. Die Menschen applaudieren, sie rufen dir Sätze zu. Du winkst und nimmst deine Gitarre. Intensiv und körperlich spürst du die Erwartungen des Publikums. Du spürst deine eigene Vorfreude. Vielleicht habe ich mich dort oben immer mehr zu Hause gefühlt als irgendwo sonst.

In dieser dunklen Zeit gab es Momente, in denen das alles nicht mehr existierte. Nicht einmal die Erinnerung daran existierte noch. Wenn du Musiker bist, ist das ein Gefühl, als hätte dich auch die Musik verlassen. Als gäbe es sie einfach nicht mehr. Du bist gefangen in einem Nebel aus Schmerzen und Schmerzmitteln. Ohne Perspektive und Hoffnung hast du auch keine Ideen.

2002 hatte ich einen Song mit dem Titel *Steh grod* aufgenommen. Das ist ein Auszug aus dem Text:

Steh grod und schau nach vorn,
Denn die‘ Zeit liegt jetzt vor dir.
Steh grod und vergiss dein‘ Zorn,

Denn es steht si ned dafür.
Steh grod und schau nach vorn,
Und vergiss ned,
Es is überhaupt no nix verlor'n.

Botschaften wie diese kommen dir jetzt banal vor. Es gibt keinen Boden, auf den sie fallen können. Sie gehen am Leben vorbei. Sie kommen dir wie Schwindel vor. Wenn die Musik weg ist, fühlst du es ganz deutlich.

Es ist alles verlor'n.

Strafe

Eine Weile kannst du mit Geschick, Selbstbewusstsein und Demut im richtigen Moment Fehler auch wiedergutmachen. Doch mit der Zeit wird der Korridor deiner Möglichkeiten enger.

1981 war ich Ende zwanzig und lebte seit mehr als zehn Jahren das Leben eines Rockstars. Mein erster Nummer-1-Hit, *Da Hofa,* hatte mich in Österreich berühmt gemacht. Ich fühlte mich unbesiegbar und alles raste einer goldenen Zukunft entgegen. Die Frauen liebten mich und es war noch nie meine Art gewesen, sie zu verjagen. Ich wollte nie Rockstar werden, um brav zu sein. Das war nicht angesagt, schon gar nicht für Rockstars der 1970er- und 1980er-Jahre.

Trotzdem hatte ich, wie jeder Mensch, auch damals nachdenkliche Momente. Wenn du als Künstler so früh abhebst, fühlst du den Druck, den Überraschungserfolg zu wiederholen. In so einer Stimmung muss ich gewesen sein, als ich *Selbstbewusst* schrieb. Ich benannte ein ganzes Album nach dem Song, der so anfängt:

Wann i kum, wos i tua
Mit wem i red und wann i geh
Is ganz allanich mei Kaffee
I tua nur des, wos ma gfoit
Und es geht ohne Gwoit
Weu kana do is, der mi aufhoit

Des Selbstbewusstsein is
Wie da Name scho sogt
A Soche, die nur aus dir söba entsteht
…

Das war es, was ich verloren hatte. Denn ich konnte es nicht fassen. Einen verbogenen, geschundenen, nicht mehr richtig funktionstüchtigen Körper zu haben. Während manche meiner gleichaltrigen Freunde noch die Tiroler Abfahrten hinunterwedelten, humpelte ich am Stock durch meine Dunkelheit.

Manche Menschen meinen, alt werden sei schön. Ich finde es vor allem mühsam. Selbst gesunde Menschen ohne Behinderung spüren das. Da ist dieser Verfall. Deine Kreativität sprüht nicht mehr so wie in jungen Jahren und du machst dir düstere Gedanken. Über Dinge, die du hättest tun oder lassen sollen. Über Fehler, die du besser vermieden hättest.

Vermutlich geht es nicht anders in diesem Leben. Du machst Fehler und irgendwie bleiben sie an dir picken. Sie bleiben in deinem Hinterkopf. Hartnäckig. Sie rumoren vor sich hin, wenn du eigentlich schlafen willst. Sie leben in der Erinnerung derer, denen du damit geschadet hast. Eines Tages kommen ihre Folgen zum Vorschein.

Dafür, das Richtige zu tun, ist es nie zu spät.

Das klingt nach einer Chance, dein Leben zu ändern. Bloß kannst du auch dann nicht verhindern, wieder neue Fehler zu machen. Bis du spürst, dass du vieles nicht wiedergutmachen kannst. Es fehlt dir an Lebenszeit und Möglichkeiten. Du bekommst eine leise Ahnung davon, welche deiner Fehler sich bald endgültig rächen werden. Und davon, welche anderen Wege du hättest einschlagen sollen.

Bei mir passierte das Altwerden wie gesagt über Nacht. Dieser innere Prozess des Reflektierens, der sich bei anderen über Jahre verteilt, verdichtete sich ebenso. Beim Grübeln über Schuld und Schicksal tauchen dann diese Gedanken auf. Gedanken, die nichts besser machen und an die du dich dennoch klammerst, weil sie zumindest etwas sind, woran du dich klammern kannst. Zunächst war da die Frage, ob das alles die Strafe für etwas ist.

Logisch betrachtet hätte ich das ausschließen können, zumindest was meinen Rücken betraf. Das Problem war angeboren, hatten die Ärzte festgestellt. Ich hatte es nur lange nicht gewusst. Es hatte also wahrscheinlich nie eine Alternative zu der Operation gegeben. Ab meiner Geburt, als ich noch ein unbeschriebenes Blatt war und sich mein Leben so oder so entwickeln hätte können, war diese Operation auf meinem Lebensplan gestanden. Diese spezielle Wirbelsäule, sie war so gegeben wie die Augenzahl der Würfel im Backgammon. Selbst wenn ich ein Heiliger gewesen wäre, hätte sie sich deformiert. Aber stimmt das wirklich? Wer weiß schon, wie das Schicksal die Geschichten erzählt, die am Ende dein Leben sind.

Zu erfahren, dass etwas schon die ganze Zeit kaputt war, dass diese heimtückische Krankheit, diese allmähliche Deformation meiner Wirbelsäule, schon die ganze Zeit in mir schwelte, verschärfte die Strafe eher noch. Ich fühlte mich betrogen. Niemand sonst hatte einen derart verbogenen Rücken. Zumindest niemand, den ich kannte. Einen Rücken, der durchzubrechen und dich umzubringen droht, wenn Ärzte ihn nicht geradebiegen wie eine Eisenstange.

Doch ich hatte auch selbst Entscheidungen getroffen. Den miesen Arzt, der meine erste Rückenoperation verpfuschte, hatte ich selbst gewählt. Vielleicht steckte darin die Strafe. Vielleicht wäre ich gleich bei einem guten gelandet, wenn ich tatsächlich ein Heiliger gewesen wäre.

Du fragst dich also, ob das jetzt die Rechnung ist. Für all das Gute, das dir bisher widerfahren ist. Oder für alles Schlechte, das du getan hast. Warum hat es ausgerechnet dich erwischt? Was ist der Grund? Welche Sünden hast du begangen, die so schwer wiegen? Warum passieren dir all diese Schicksalsschläge innerhalb so kurzer Zeit? Warum ausgerechnet jetzt? Liegt es daran, wie du mit deinem Körper umgegangen bist?

Vielleicht hätte ich mir nur öfter etwas von der Angst raten lassen sollen. Es hatte mir regelmäßig an Vorsicht gemangelt. Vielleicht bin ich vor Grenzen, an denen andere instinktiv innehalten, zu wenig zurückgeschreckt. Bei meinem Lebensstil, beim Sport, aber auch bei vielen anderen Dingen. Einmal setzte ich nach einem Konzert auf der Flucht vor rabiaten Fans einen Schritt ins Stockdunkle, den andere vielleicht instinktiv unterlassen hätten. Ich tat es einfach so, weil es mir in dem Moment egal war, was da vor mir lag. Weil es mich auf eine irre Art vielleicht sogar interessierte. Oder faszinierte, es nicht zu wissen und gleich herauszufinden. In diesem Fall lag da eine Baugrube, in die ich metertief stürzte. Die Tode, denen ich im Laufe der Jahre entging, sind ungezählt.

Aber wer kann schon von sich behaupten, immer nur das Richtige getan zu haben? Ist es nicht einfach so, dass du, je intensiver du lebst, umso öfter das Falsche tust? Kann eine Strafe dafür dann gerecht sein? Und was ist überhaupt das Richtige und das Falsche?

Du fragst dich das alles immer wieder und so intensiv, als könnte die Antwort doch noch andere Alternativen und damit deine Freiheit zurückbringen. Bis du dir sagst, dass du nicht mehr hier sein willst.

I versperr die Tür und leg die Kettn vur
Häng mei Gwand sche auf, so wie i's immer tua
Loss a woames Wossa in die Bodwaun ei
Und zum ersten moi im Lebn fühl i mi frei
I schreib an meine Freind an allerletztn Gruaß –
Weil heit is a Tog, den wos ma feiern muaß!
Heite drah i mi ham
Schneid ma d'Pulsadern auf
Lieg im warmen Wosser drin
Und lass mein armen Bluat sein Lauf
Heite drah i mi ham
Und es tut gar net weh
Man wird nur ganz langsam miad
Bis man nix mehr gspiard
…

So heißt es im Track 5 mit dem Titel *Heit drah i mi ham* auf meinem Album *Es lebe der Zentralfriedhof*. Vielleicht wäre ich wirklich nicht mehr da, hätte es nicht drei Kräfte gegeben, die mich am Leben hielten. Loyalität. Dieses Etwas, das dich zum Musiker macht. Und Uta.

Aber der Reihe nach …

Loyalität

Als Musiker bist du nicht allein. Da sind immer die Band und das Team. Beide sind auch noch da, wenn du gerade glaubst, nicht mehr zu können. Deshalb kannst du nicht einfach sagen: Ich höre auf.

Die Wiener Stadthalle war 1984 an drei aufeinanderfolgenden Tagen ausverkauft. Je 15.000 Menschen kamen, obwohl eigentlich nur 10.000 Platz hatten. Mein damaliger Manager, Johannes Hausner, hatte auch die Ränge gleich seitlich der Bühne öffnen lassen. Dort hörst und siehst du eigentlich nichts, aber niemand beschwerte sich.

Es war ein Meer aus Menschen. Alle waren wegen uns da. Das ist nicht das Gleiche wie bei einem Festival, wo du vielleicht vor ähnlich vielen Menschen spielst, aber nur ein Auftritt von mehreren bist. Bei einem Solo-Konzert gibt es nur dich und deine Band.

Hinter der Bühne war einiges los. Es herrschte Partystimmung. Alle möglichen Menschen hatten Backstage-Pässe, woher auch immer. Alle waren gut drauf. Ich auch. Ich hatte damals noch nicht so viele schlechte Erfahrungen gemacht und war offen. Du vertraust allen und alles ist wunderbar. Alle sind deine Freunde. Du weißt noch nicht, wie schnell sich die meisten von ihnen in Luft auflösen können.

Von dort gingen wir weiter in den dunklen Raum unmittelbar hinter der Bühne. Nur die Band und ich. Dieser

Raum ist uneinsehbar, aber das Publikum kriegt es mit, wenn sich dort etwas tut. Es wird lauter. Du hast die berühmten Schmetterlinge im Bauch, selbst wenn du noch so abgebrüht bist. Als ich hinaustrat, war ich sprachlos. Es war wie ein Knall. Die Emotionen explodierten.

Vor der Halle stand ein Übertragungswagen. Die auf Musikfilme spezialisierten Produzenten und Regisseure Rudi Dolezal und Hannes Rossacher zeichneten alles auf. Nach dem Konzert lief ich zu ihnen und sah mir die ersten groben Mitschnitte an. »Wir haben viel zu schnell gespielt«, sagte ich. Vermutlich war es unserer Aufregung geschuldet. Auch darüber beschwerte sich niemand ...

Am zweiten Tag stimmte das Tempo. Allerdings hätte das Publikum andere Gründe gehabt, sich zu beschweren. Wir waren nicht gerade in Bestform. Denn nach dem ersten Konzert hatten wir ausgiebig gefeiert. Zum Glück gab es dieses Mal weniger Kameras und keinen Übertragungswagen mehr.

Das erste Konzert war unschuldig. Ich ging hinaus und wusste nicht, was an diesem Abend passieren würde. Augen zu und durch. Das zweite war schuldbehaftet. Beim dritten gaben wir alles, um das zweite wiedergutzumachen. Das waren wir unseren Fans schuldig, obwohl es jetzt andere waren. Ich weiß nicht, ob das jemand begreifen kann, der nicht auf der Bühne steht.

Dieses dritte Konzert in der Wiener Stadthalle war dann größtenteils so, wie wir es uns alle gewünscht hatten. Ich ging hinaus und wusste genau, was passieren würde. Bei dem Song *A großes Werk* trat ich vor und sagte: »Jetzt!«

Tausende Lichter gingen an. Keine seelenlosen LED-Lichter wie heute. Das waren Feuerzeuge. Die ganze Stadthalle ging in einem einzigen Licht auf.

A großes Werk

Wann's unhamlich spät in da Nocht is
Wann ollas schloft und nur du mehr woch bist
Wann's da dei Hirn zermarterst
Und zerfetzt
Und plötzlich draufkummst
Du host di grenzenlos überschätzt
Dann host es g'schofft, dann host wos g'mocht
Dann host a großes Werk vollbrocht
Wann du bereit bist zu vergess'n
Dei Urteil und dei eigenes Ermess'n
Wanns'd plötzlich waßt, es gibt nix von Belang
Außer vielleicht an wunderschönen
Sonnenuntergang,
dann …
Wann's unhamlich spät in da Nocht is
Wann ollas schloft und nur du mehr woch bist
De Stern' am Himmel san so scheen
Und de Woaheit is so weiss wie Schnee!

Ich dachte auch in dieser Phase über das Leben nach. Eines der Ergebnisse davon steht am Cover meines Albums *Der Sinn des Lebens*. Es erschien im gleichen Jahr, 1984, mit einer großen Ananas am Cover.

Das Leben ist, wenn überhaupt, nur als Gleichnis zu erfassen. Man nehme eine Ananas: Außen rau, beinahe brutal, innen doch süß und saftig, geradezu vulgär. Man muss zunächst davon ausgehen, dass die Ananas bei uns nicht wächst. Das heißt, wir stehen dem Leben hier ziemlich ratlos gegenüber und die meisten begnügen sich daher damit, es zu betrachten und höchstens einmal daran zu schnuppern. Einige, nur die Elite, sie haben das Know-how und immer das geeignete Werkzeug zur Hand. Sie sind gebildet und genießen das Süße, da bleibt nichts übrig. Naja, und wir, wir probieren's halt. Es fehlt uns an Wissen, es krankt am Werkzeug, aber wir öffnen das Leben auch mit dem Schweizermesser, wenn es sein muss. Und es muss sein, so wie ich das sehe.

Das Foto auf der Innenseite des aufklappbaren Covers zeigte alle Mitglieder der Band beim Essen einer Ananas. Wir hatten irgendwo eine bekommen und nur ein Taschenmesser, mit dem ich große Stücke herausschnitt. Alle stürzten sich darauf und jemand drückte auf den Auslöser.

Als ich kaputt am Boden lag, war da noch immer das Team. Es besteht nicht mehr aus 25 Menschen wie früher, aber immer noch aus mehr als der Band und mir. Vor wichtigen Auftritten setze ich mich mit Andi Ratz zusammen und überlege, was wir spielen und wie wir es präsentieren. Er ist mein Bühnen- und Tontechniker und seit fast vierzig Jahren bei mir. Als er anfing, war er 18. Damals übernahm er das FOH, das »Front of House«. So nennen wir den Punkt im Zuschauerraum, an dem der Tontechniker die von der

Bühne kommende Musik für das Publikum aufbereitet und der Lichttechniker für die richtige Beleuchtung sorgt. Andi übernahm damit eine verantwortungsvolle Aufgabe. Denn was bei einem Konzert die Musiker spielen, ist das eine, und was bei den Lautsprechern herauskommt, das andere. Das können zwei ganz verschiedene Sounds sein. Andi hat es drauf, dass es richtig klingt. Bei großen Shows macht er auch das Bühnenbild. Einmal behängte er die gesamte Rückwand einer Bühne mit spiegelnden Platten. Was irre aussah. Er kann das alles im Schlaf.

Andi ist einer der wichtigsten Menschen in meinem Leben, und das schon seit 35 Jahren. Genau wie zum Beispiel unser Keyboarder Günter Dzikowski. Wir sind mittlerweile so, wie wir zu sechst da herumtingeln, eine ganz eigene Mischung von Charakteren.

Zum Team gehört zum Beispiel auch Roland Vogel. Er ist unser Backliner und damit der Mann, der auf der Bühne alle Stecker kennt und alles zusammenhängt, was zusammenhängen muss. Auch das ist eine verantwortungsvolle Aufgabe. Dann waren da mein Manager, die Veranstalter und alle möglichen Menschen, die Erwartungen an mich hatten. Für die es ein Geschäft zu machen gab, das noch immer florierte. Auch nach Jahrzehnten noch.

Ich hatte begriffen, dass die Zeit der großen Konzerte vorbei war. Wenn du in Sälen für 500 oder 1.000 Menschen spielst, kannst du nicht mit großer Band anreisen. Das ist zu laut und vor allem zu teuer. Die Rechnung geht für die Veranstalter nicht auf. Deshalb setzte ich auf einfachere, schlichtere Arrangements der Songs. Gitarre, Keyboard, Bass. Wir traten meistens nur noch zu dritt auf. Wir hatten keine Ahnung, ob das ankommt. Dann kam es unerwartet gut an.

Ich änderte auch den Tarif. Veranstalter konnten uns jetzt für ein Fixum buchen. Wenn sie sich anstrengten, verdienten sie gut mit uns. Das ist wichtig. Es hält dich als Band oben. Achtzig Konzerte im Jahr, vor allem in Österreich, Bayern und Baden-Württemberg. Das war so ungefähr, was wir machten.

Jetzt brauchten alle eine Weile, um zu begreifen, was mit mir los war. Manche gingen besser damit um, andere schlechter. Die meisten erwarteten, dass ich weiter wie gewohnt funktioniere. Mein Manager Peter Fröstl wollte mich weiter auf Tour schicken wie einen Newcomer. Tausende Kilometer. Dutzende Konzerte. Wie sollte ich das schaffen? »Sorry, es geht nicht anders«, sagte er immer. »Es ist alles gebucht.«

Du kannst nicht verlangen, dass sich andere in dich hineinfühlen. Wahrscheinlich ist es unmöglich, sich wirklich ganz in einen anderen Menschen hineinzufühlen. Morgens einfach nur aufstehen und mich anziehen. Sie konnten nicht wissen, wie viel mir alleine das schon abverlangte. Anfangs schlurfte ich nur in Jogginghosen durchs Haus.

Freundschaft und Loyalität waren mir jedenfalls immer wichtig. Es bedeutete mir viel, mit guten, alten Freunden auf der Bühne zu stehen. Meine Musiker und ich, wir bildeten eine Symbiose. Das wirfst du nicht einfach weg, wenn es dir schlecht geht. Für solche Menschen musst du stark bleiben. Was würden sie ohne mich machen? Dieser Gedanke tauchte aus den Tiefen meiner Dunkelheit auf.

Die Loyalität gegenüber meiner Band und allen anderen war die erste der drei Kräfte, die mir heraus aus der dunkelsten Dunkelheit halfen. Dieses Funktionieren-Müssen. Für meine Musiker und all die anderen. Hätte sie mich nicht zurück auf die Bühne gebracht, weiß ich nicht, ob ich heute noch hier wäre. Die zweite Kraft war wie gesagt dieses gewisse Etwas, das dich als Musiker ausmacht.

Etwas

Ich wollte immer zur Musik und die Musik wollte immer zu mir. Der Grund dafür ist etwas, das sie dir nicht nehmen können, auch nicht, wenn sie dir schon alles andere genommen haben.

Wie sollte ich auf die Bühne zurückkehren? Mein Publikum bestand aus Fans von früher und zu meinem Glück gab es immer auch junge Menschen, die mich neu entdecken. Manche kommen nach den Konzerten zu mir und ich soll uralte Platten signieren, die sie irgendwo ergattert haben. Was mir widerstrebt. Die alten Alben sind Antiquitäten, manche sogar Raritäten. »Wenn ich darauf mit einem Kugelschreiber herumkritzele, sind die doch beschädigt«, sage ich ihnen. Das Autogramm wollen sie trotzdem.

Mir war es wichtig, auch für meine Fans zu funktionieren. Ich wollte ihnen schon immer geben, was sie erwarteten, und möglichst noch mehr. Das verlangte mir mein Bestes ab. Wie konnte ich das in meinem Zustand liefern?

Sie gewöhnten sich an die neue Version von mir. Wer bei mir im Publikum saß oder stand, wusste bald, wie es mir ging. Sie alle wussten, dass ich humpelte und im Sitzen sang. Das war okay für sie. Deshalb ertrug ich wieder die langen Autofahrten und das ganze beschwerliche Drumherum, das ein Leben auf Tour mit sich bringt.

Es gibt Songs, die mir inzwischen schwerfallen. Bei *Schifoan* sage ich mittlerweile, dass sie den Refrain selber singen müssen, wenn sie ihn hören wollen. Ich schaffe diese Tonlage nicht mehr richtig. *Es lebe der Zentralfriedhof* ist auch ein anstrengender Song. Er ist lang und du musst mit der Stimme hoch hinauf. Als er 1975 herauskam, bemerkte ich das nicht. Damals ging alles wie von selbst. Wie das eben so ist in der Jugend.

Ich schaffte es mit meinen Laufstöcken irgendwie auf die Bühne. Dort wartete ein Barhocker oder ein Sessel auf mich. Stehen konnte ich nicht mehr. Ich setzte mich ins Scheinwerferlicht und spielte und sang. Wie seit Jahrzehnten. Das Publikum hörte zu. Es folgte mir. Ich konnte es noch immer bannen.

Als zweiten Song spielte ich immer einen, mit dem ich mich persönlich vorstellte. Einen, in dem ich meine eigenen Erfahrungen wiedergebe. Davon gibt es eine Menge. Zum Beispiel *Des Sängers Flucht*. Der Text geht so:

Manchmoi, i gibs zua,
Manchmoi hob is' nimmer so im Griff.
Wo is da oide Ambros, wo is er nur?
So wüd und so vif?
Und tausend Aug'n schau'n,
Wo er si histellt, wohin er si setzt,
Und ob er heute amoi freundlich is,
Oder ob er irgendwen verletzt.
Irgendwen zutiefst verletzt.
Manchmoi kummt's ma vua,
Ois wa des olles überhaupt ned woa.
De Leit verhoit'n si mir gegenüber

Meist'ns so sonderboa.
Und stehngan's dann beinand, und stier'n mi an
Wie a Wes'n von an ander'n Stern,
Dann suach i ma an aus, und wink eam her zu mir,
Und dann sog i zu eam
Am Best'n so, dass olle hea'n:
Oida, kumm her auf a Wuat,
Sog eana es geht ma guat.
Sog eana, si soll'n si kane Suag'n moch'n,
I bin scho auf der Huat,
Jo i bin auf der Huat.
...

Es hat auch schon funktioniert, bevor ich bekannt wurde. Bevor ich eine Band hatte. Kaum hatte ich das Gitarrespielen gelernt, konnte ich Melodien produzieren und Songs daraus machen. Ich war Autodidakt und in gewissem Sinne ein Getriebener. Ich wollte zur Musik und die Musik wollte zu mir.

Dabei hatte ich mir die Gitarre erst erkämpfen müssen. Mein Vater wollte mir das Geigenspiel näherbringen. Am Ende drosch er mir das Teil aus lauter Frust auf den Hinterkopf. Ein bisschen verstehe ich ihn sogar. Ich habe mich wirklich selten dumm angestellt. Aber die Gitarre und ich, das war von Anfang an eine Liebesbeziehung.

Die ersten Gitarrenriffs hörte ich in der Jukebox beim Mitterstöger. Das war der Wirt in Wolfsgraben, bei dem wir Jugendliche gerne abhingen. Der Tag, als er diese Jukebox aufstellte, änderte mein Leben für immer. Sie war eine Revolution. Musik, wann immer du wolltest. Beatles, Stones, Animals. *House of the Rising Sun* verfolgte mich bis in den Schlaf.

Dazu gab es in dem Wirtshaus jetzt Hula-Hoop-Reifen, die in den 1960er-Jahren groß herauskamen. Aus irgendeinem Grund konnte ich gut damit umgehen. Ich ließ sie vom Handgelenk bis zu den Knöcheln kreisen, irre schnell und ohne Pause. Dazu spielte die Jukebox meinen Lieblingssong. *I can't get no satisfaction. No, no, no.*

Vor allem der Sound der Stones infizierte mich. Ich flehte meinen Vater an, mir eine Gitarre zu kaufen. »Nie im Leben«, sagte er. »Das ist ein Zustand, kein Instrument.«

Also wandte ich eine List an. Im Musikunterricht gab es für uns Landkinder nur eine Option: die Ziehharmonika. Es gab dafür eine eigene Lehrerin, eine im Dorf anerkannte ältere Dame und Respektsperson. Ich fragte sie, ob sie mir Gitarrenstunden geben würde. »Gerne, wenn du eine Gitarre hast. Die wirst du brauchen«, antwortete sie cool.

Womit sich mein Vater nicht mehr querlegen konnte. Er schenkte mir zu Weihnachten eine kleine rote Gitarre, die wie ein Spielzeug aussah.

»Viel Freude wirst du mit dem Ding nicht haben«, sagte die alte Musiklehrerin abschätzig.

Ihren Namen habe ich vergessen, aber das meiste, was ich über das Gitarrenspielen weiß, verdanke ich ihr. C-Dur, A-Dur, B-Dur, E-Dur, D-Dur, G-Dur und das Ganze noch in Moll. Mit den Jahren kam einiges dazu, aber damit fing ich an, Melodien zu entwickeln. Bob Dylan konnte am Anfang auch nicht viel mehr. Seine ersten Songs bestanden aus sehr einfachen Harmonien. Genau deshalb sind sie nach wie vor bei Jungmusikern so beliebt.

Ich schrieb schräge Sachen. Sie klangen aus heutiger Sicht wie Free Jazz, roh und wild. Niemand bei uns im Wienerwald konnte etwas damit anfangen. Meiner Familie und meinen Freunden war das fremd. Ich war mit meinem Sound alleine auf weiter Flur.

Einmal saß ich vor unserem Haus und bearbeitete meine Gitarre. Ich riss den Hals hoch und schlug in die Saiten, in mich versunken. Aus den Augenwinkeln bemerkte ich einen Schatten. Etwas hatte sich bewegt. Neben der Haustür stand meine Mutter und hörte zu, mit besorgtem Blick. Später schrieb ich diesen Song *Mamma* für sie:

Ist schon gut Mamma
Mach da keine Sorgen Mamma
Es ist no heut und no net morgen Mamma
I bin no da und no net fort Mamma
Mach da kane Sorgen.
I war a Bub mit 16 und I weiß es no wie heut.
A Motorradl a Leich daneben und rundherum die Leut.
Das Blut war auf der Straßen und der Schreck war in meinem Hirn
Doch gleich drauf der Moment der Vernunft.
Die intellektuelle Niederkunft
I werd nie Motorradl fahren
Dabei kann I nur verlieren
…
Heut bin I Mitte 30 und alles geht so schnell
Und nach wie vor gelingt's ma net, dass I mi verstell

Zwar manchmal interessiert mich plötzlich
wie der Dollar steht
Doch gleich drauf der Moment der Vernunft
Die intellektuelle Niederkunft
Wolfgang geh verstell dich net
Gib's auf sei net so blöd
...

Damals, als sie mich bei meiner unfreiwilligen Darbietung belauscht hatte, dachte ich nur: Wie erkläre ich ihr das? Wie sage ich ihr, was das ist? Wie sollte ich ihr meine Musik begreiflich machen? Nahm sie meine irren Melodien überhaupt als Musik wahr? Ich wusste selbst nicht so genau, was das war. Was weißt du schon mit 16 Jahren. Noch dazu, wenn du ein Landei bist. Unbedarft und ohne einen blassen Schimmer, was es da draußen in der weiten Welt so alles gibt. Ich spürte nur, dass es etwas gab. Etwas, das mich rief. Etwas, das ich konnte.

Wenig später merkte ich, dass mir auch andere zuhörten. Wenn ich vor Freunden spielte, wurde es ganz still im Raum. Scheinbar war da etwas, das sie faszinierte. Mein Durchbruch kam dann auch schon mit zwanzig. Wenn ich jetzt mit meinen Stöcken auf die Bühne humpelte, funktionierte dieses Etwas noch immer. Die meisten Kritiken sagen das Gleiche: Er sieht aus wie ein Geist. Dann setzt er sich und die Post geht ab bis zum Schluss. Bis alle Leute stehen und die Hütte brennt.

Dieses Etwas, das sie dir nicht nehmen können, ist die zweite Kraft, die mich am Leben hielt. Ich blieb aus Loyalität gegenüber den anderen und weil ich auf dieses Etwas bauen konnte. Und ich blieb, weil mich immer, wenn ich gehen wollte, eine Frau daran erinnerte, wo ich hingehöre. Eine Frau, die immer da war, als alles für mich bergab raste. Sie war die dritte der drei Kräfte.

Uta

Es gibt Menschen, bei denen du nur still dankbar dafür sein kannst, dass sie in deinem Leben sind.

Uta erzählt unsere Geschichte gerne. Ich kenne ihre Version davon und sage nie etwas dazu, obwohl ich manches etwas anders sehe als sie. Aber hier spricht Uta:

Mit 18 besuchte ich zum ersten Mal eines seiner Konzerte. Wolfgang Ambros live in der Liederhalle Stuttgart. Dafür ließ ich mich in der Schule entschuldigen und trug das auch als Grund ein: Konzertbesuch Wolfgang Ambros in der Liederhalle Stuttgart.

Bei der Autogrammstunde danach, so etwas gab es damals noch, begegneten wir einander zum ersten Mal. Wir wechselten einige Worte. Von da an besuchte ich jedes seiner Konzerte in Stuttgart und Umgebung. Ich war wohl eine Art Groupie, aber es dauerte, bis ich über Nacht bei ihm blieb. Zwei Jahre.

Wolfgang hat das anders in Erinnerung, aber da täuscht er sich. Er müsste nur seine Bandkollegen fragen. Die erinnern sich bestimmt noch. Ich war jedenfalls brav und bin es bis heute.

Ich wusste, dass er verheiratet war. Es war allgemein bekannt. Er sah das nie so eng. Mich hat es gestört. Das war auch der Grund, warum ich anfangs zögerte. Wir redeten oft darüber. Er spielte es herunter. Zwischen ihm und mir, das war immer so ein Ja und gleichzeitig ein Nein. Zu meinem dreißigsten Geburtstag, vor mehr als zwanzig Jahren, schrieb er mir einen Brief. Es gab ja noch keine Handys. In Kontakt zu bleiben war schwerer als heute, aber wir schafften es in all den Jahren.

In der Firma hatten wir einen Fax-Anschluss. Da schrieb er mir manchmal und manchmal rief er an. Wir hatten Phasen mit engem Kontakt und welche, in denen monatelang und einmal sogar jahrelang nichts war.

Die Pausen entstanden, wenn ich einen Freund hatte. Ich war nie verheiratet, aber wenn ich mit jemandem zusammen war, traf ich Wolfgang nicht. Als er mit der Frau die Zwillinge bekam, entstand ebenfalls eine Pause. Da trafen wir einander nur einmal freundschaftlich. Ich brachte den Kleinen ein Schaukelpferd mit. Die Frau kannte ich schon. Sie war ja auch bei vielen seiner Konzerte dabei.

In dieser Zeit rief er mich nur einmal an. Er wollte wissen, wie sich die Batterien aus dem Schaukelpferd entfernen ließen. Das Ding machte offenbar nervtötende Geräusche. Als Nächstes schickte er mir eine SMS. Er sei gerade in Aschaffenburg, einen Tag früher als geplant. Sein Konzert habe er abgesagt. In dem Hotel, in dem er abgestiegen sei, gebe es eine Hundeausstellung. Das würde mir gefallen, meinte er. Ich liebe Hunde und überhaupt Tiere. Das wusste er und lud mich ein.

Es ging mir gerade schlecht. Mein Pferd war krank und mein Pony war auf schreckliche Weise ums Leben gekommen. Es war abgehauen und vor ein Auto gelaufen. Die Verletzungen waren so schwer gewesen, dass wir es einschläfern mussten.

Warum nicht, dachte ich, als mich Wolfgang nach Aschaffenburg einlud. Ein bisschen Ablenkung würde mir guttun. Wir hatten immer ein inniges, freundschaftliches Verhältnis gehabt und konnten aufeinander zählen. Wir konnten uns gegenseitig auffangen. Während seiner Krebstherapie und auch danach, als seine Leidensgeschichte mit dem Rücken anfing, hatten wir einander besonders oft gehört.

Als diese Frau ihn Hals über Kopf verließ, wusste ich, dass ich für ihn da sein wollte. Ich rief ihn einfach an und fragte ihn, ob ich ihn besuchen solle. Es ging ihm körperlich und seelisch schlecht. Er war, wie er es nannte, komplett am Sand.

Sein Rücken bereitete ihm schlimme Schmerzen und er war kaum noch mobil. Und dann kam noch diese Sache mit der Trennung dazu, über die er heute nicht mehr gerne spricht. Das Ganze war wohl bis zu einem gewissen Grad traumatisierend für ihn. Es war zu viel auf einmal.

Ich erlebte mit, wie zwischen ihm und dieser Frau der Rosenkrieg losging. Ein Teil des Tiroler Hauses gehörte ihr. Sie ließ Wände einziehen. Es sah so aus, als wolle sie das Haus und die Kinder für sich allein haben. Ihm signalisierte sie, dass er für sie und ihre Familie ausgedient hatte. Anscheinend ging sie davon aus, dass er nicht mehr lange leben würde.

Es fiel mir schwer, das mitanzusehen. Dabei hatten wir Frauen uns eine Weile gut verstanden. Mehr oder weniger.

Als klar wurde, dass ich nicht bloß für einen kurzen Besuch da war, war Schluss mit dem freundlichen Ton zwischen uns.

Ihr Plan war es meiner Meinung nach von Anfang an, dieses ganze, große Haus in Waidring zu bekommen. Dabei war es mit all seinem Drumherum seit langem sein Leben. Vermutlich war es auch von Anfang an ihr Plan, die Zwillinge für sich allein zu haben. Die Zwillinge, die er über alles liebte.

Immer wieder fragte sie mich, wie es bei uns aussieht und welche Pläne wir haben. Zum Beispiel versuchte sie, Wolfgang und mich zu einem Umzug zu mir nach Stuttgart zu bewegen. Ich solle doch mit ihm sprechen und ihm raten, ihr das Haus zu überlassen, meinte sie.

Warum hätte er das tun sollen? Es gab keinen Grund dafür. Das klingt hart, aber sie hat wohl wirklich damit gerechnet, dass er nicht mehr lange lebt. Sie handelte, als wolle sie die Dinge in ihrem Sinne klären, ehe es zu spät sein würde.

Als dann ein Hund ins Haus kam, wurde alles noch schwieriger. Sie mag keine Hunde. Sie behauptete, die Kinder hätten Angst vor ihm. Er würde in den Garten kacken und sei gefährlich. Dabei war er damals zwölf Wochen alt, der goldigste Hund überhaupt und absolut kinderlieb. Ich kann das beurteilen, denn ich habe Erfahrungen mit Hunden und Kindern. In Wirklichkeit hatte sie wahrscheinlich selbst Angst vor ihm.

Ich behielt jedenfalls meinen Wohnsitz in Deutschland. Meine mehr als neunzigjährige Mutter lebt noch dort und auch der Rest meiner großen Familie. Arbeiten musste ich nicht mehr. Ich bin in Erwerbsunfähigkeitsrente. Ich leide an Arthrose in allen möglichen Gelenken und meine Knie sind kaputt. Aber ich lasse das nicht zu sehr an mich heran. Ich stamme aus einer Familie, die nicht meckert. Das haben Wolfgang und ich gemeinsam.

Mittlerweile wohnt auch mein Sohn bei uns. Er besucht in Kitzbühel das Gymnasium und macht demnächst seinen Abschluss. Für einen 15-Jährigen mit einer großen Clique ist es schwer, alles hinter sich zu lassen und an einem anderen Ort neu anzufangen. Mittlerweile fühlt er sich wohl hier. Wolfgang und er verstehen sich.

Wolfgang und ich, wir haben uns ein neues, gemeinsames Leben aufgebaut. Wir sind zufrieden.

So weit Uta.

Es gab noch etwas, das mich am Leben hielt. Meine zweite Rückenoperation. Sie vervollständigte zwar meine Krüppelwerdung, wie ich das nenne. Mein Rücken besteht jetzt bis hinunter zu den Hüften vor allem aus Metall und Plastik. Ich brauche deshalb meine beiden Stöcke, um zu gehen. Ich bin zu achtzig Prozent behindert und benutze diese Parkplätze, die es bisher immer nur für andere gab. Doch die Schmerzen waren nach dieser Operation endlich weg.

Schon das Erwachen nach der Narkose war ein ganz anderes als nach der ersten Operation. Zunächst dachte ich nach diesen neun Stunden tatsächlich, ich wäre in der Hölle gelandet. Aber ein Grazer Chirurg hatte es geschafft. Er hatte mir die Erlösung gebracht.

Der Mann hatte in den USA studiert und war Spezialist für Wirbelsäulen geworden, aber so eine wie meine, noch dazu in dem verpfuschten Zustand, hatte er wahrscheinlich auch noch nie gesehen. Warum nur hatte ich ihn nicht gleich gefunden?

Hinterher erzählte er mir, dass er einmal bei einem Konzert von mir gewesen war und sich gedacht hatte: der arme Wolfgang Ambros mit seiner instabilen Wirbelsäule. »Wieso um Gottes Willen hast du mich nicht einfach angerufen?«, fragte ich ihn.

»Wie hätte ich dich einfach anrufen können?«, antwortete er. »Du bist doch Wolfgang Ambros.«

Gerechtigkeit

Lässt du dich, wenn du unten bist, zu lange schleifen, geht es nicht mehr nach oben. Die glücklichen Zufälle treffen den, der darauf vorbereitet ist.

Nach wie vor können sich die wenigsten in mich hineinfühlen. Heute war mein Verleger da und wollte das Begleitprogramm zum Erscheinen dieses Buches besprechen. Presse, Lesungen, das ganze Theater. Er hatte keine Ahnung, was es für mich bedeutete, ihm einigermaßen zivilisiert gegenüberzusitzen. In ordentlicher Kleidung statt im Jogginganzug. In einer guten, senffarbenen Hose mit Bügelfalten, einem dazu passenden Pullover und mit meiner Sonnenbrille im V-Ausschnitt. Wie ein Mensch.

Bei mir sah es jahrzehntelang so aus, als wäre ich nur oben. Meine ersten Jahre als Musiker waren eine einzige wilde Party. Die Hallen wuchsen von Konzert zu Konzert. Die Lichtshows wurden aufwändiger. Das Publikum wurde größer. Besonders in den 1970er- und 1980er-Jahren entwickelte sich der ganze Wahnsinn mit rasender Geschwindigkeit.

Wir waren gerade erst Live-Band geworden und schon ging es ab. Noch im gleichen Sommer standen wir bei großen Festivals auf der Bühne. Wir spielten wie die Blöden. Immer wieder vor zehntausenden Menschen. Alles lief wie geschmiert. Neue Platte, neue Tour. Neue Platte, neue Tour. Dieses irre Spiel.

Es lebe der Zentralfriedhof erschien 1975 und blieb sechs Monate lang in den Langspielplatten-Charts. Ab 1980 ging es dann erst so richtig los. *Weiß wie Schnee,* viereinhalb Monate in den Charts. 1981 folgte *Selbstbewusst* mit drei Monaten in den Charts. 1983 *Der letzte Tanz* mit sechseinhalb Monaten. 1984 *Der Sinn des Lebens,* siebeneinhalb Monate. 1986 *No. 13*, zehn Monate.

Dazwischen immer ein bis zwei Monate Griechenland oder Afrika. Zum Erholen. Auch dort waren wir keine Kinder von Traurigkeit. Genau dieses Leben wollte ich immer führen. Über Schuld und Schicksal, über ausgleichende Gerechtigkeit, über Verantwortung und Konsequenzen und all diese Dinge dachte ich nie richtig nach.

Jetzt sieht es so aus, als wäre ich in meinem Leben tatsächlich zuerst immer nur oben und dann auf einmal immer nur unten gewesen. Dabei stimmt das so nicht. Ich kannte immer beides, das Oben und das Unten, auch in den 1970er- und 1980er-Jahren. Du bist gerade noch im Licht gestanden und auf einmal sind die Schweinwerfer aus und du bist allein.

Ich hatte Übung darin. Ich tröstete mich mit Lerneffekten. Es ist interessant, wer genau dich wie schnell fallen lässt und wer genau noch da ist, anruft und sich sorgt. Du entwickelst auch alle möglichen Kräfte, während du um deine Wiederauferstehung kämpfst, und erfindest dich unter diesem Druck neu.

Du stellst fest, dass es im Leben immer hinauf und hinunter geht, bis du stirbst, während du gerade oben oder gerade unten bist. Du hältst dich daran fest, wenn du unten bist, und vergisst es erst wieder, wenn du oben bist. Aber ist das wirklich so? Für alle?

Ich kenne Menschen, die immer nur oben zu sein scheinen. Vielleicht überrascht es manche, die wissen, wie viel Glück im Leben ich hatte, dass ich manche dieser Menschen beneide. Hansi Hinterseer zum Beispiel. Ich mag ihn und gönne ihm sein Glück. Aber ich wundere mich. Er hat im Leben auch nichts ausgelassen.

Er ist in meinem Alter, nur zwei Jahre jünger als ich. Wenn du ihm beim Skifahren zuschaust, kannst du es kaum glauben. Er wackelt zweimal mit dem Hintern und fährt die ärgsten Buckelpisten hinunter, als wäre nichts. Er muss sich nicht einmal anstrengen. Das geht nur, wenn du das entsprechende Talent und den passenden Körper dazu hast.

Als seine Karriere als Skirennläufer vorbei war, kümmerte er sich beim Skihersteller *Kneissl* um die neuesten Modelle. Auch das mit Bravour. Beim *Stanglwirt* in Tirol saß ich damals mit dem Chef dort, Balthasar Hauser, und Hansi öfter zusammen. Wir machten Musik. Das waren nette Abende.

Dort lernte Hansi Jack White kennen, einen bekannten Musikproduzenten. Der legte ihm ein paar Songs hin und sagte ihm, er solle das mal singen. Hansi scheint einfach alles zu können. Herbert Fechter, sein Agent, organisierte ihm die Konzerte. Wahnsinn, was dort los war. Keiner unter sechzig, aber die haben Gas gegeben.

Einmal war ich dabei. Meine Band und ich waren im selben Hotel abgestiegen wie Hansi und seine Leute. So wie er ist, hat er uns alle zu seinem Konzert eingeladen. Außer mir wollte niemand hin, aber ich habe es nicht bereut. Das Ganze war wie eine irre Werbeshow für Kitzbühel und Umgebung. Er erzählte, wie wunderschön es in Tirol ist. Dazu perfekte Fotos. Dazwischen seine Songs.

Gitti, eine meiner Background-Sängerinnen, arbeitete gleichzeitig für ihn. Wenn er auftrat, durfte nur sie singen, keine andere. Wenn ich am gleichen Tag ein Konzert gab, musste ich mir eine andere suchen. Was kein Problem war. Wir hatten immer vier oder fünf zur Auswahl.

Gitti sang auch an diesem Abend für Hansi. Sie freute sich und war, glaube ich, ein bisschen stolz, dass ich mir die Show ansah. Nach dem Auftritt saß Hansi mindestens eineinhalb Stunden im Foyer und gab Autogramme. Die Leute liebten ihn.

Zuletzt habe ich ihn 2018 gesehen. Wir mussten zu einer gemeinsamen Pressekonferenz in Krems an der Donau. Wir flogen mit dem Hubschrauber von St. Johann hin und hatten etwas Zeit zu reden. Er ist immer noch unglaublich fit und gutaussehend.

Dabei hat wie gesagt auch er nicht gelebt wie ein Heiliger. Ich denke, es ist ihm nicht peinlich, wenn ich das sage. Vielleicht ist er sogar ein bisschen stolz auf seine wilden Zeiten. Warum auch nicht? Er hat hart gearbeitet und ein bisschen Spaß verdient.

Auch Hansi hat einen wunden Punkt. Er hatte eine schwere Kindheit. Das Problem war sein Vater. Ich habe den alten Herrn kennengelernt und verstehe, warum Hansi nicht gerne über ihn spricht. Aber der ganze Rest scheint bei ihm alles schieres Glück zu sein. Er hat einfach immer gute Würfe. Wie ist das dann mit der Gerechtigkeit?

Manche Menschen denken, die Würfel lassen sich beeinflussen. Man müsse sich nur auf das Gute konzentrieren. Vom Erfolg überzeugt sein. Das Universum bitten. Solche Sachen. Daran zweifle ich. Vielleicht kann es Hansi. Ich kann es nicht.

Ich war wie gesagt wie die meisten Menschen abwechselnd oben und unten. Manche vergessen bloß das Unten von früher. Übrig bleiben dann die guten alten Zeiten. Wenn du sie dir näher ansiehst und ehrlich zu dir bist, merkst du, dass sie auch nicht immer nur gut waren. Bei mir jedenfalls nicht. Das fing schon in meiner Kindheit so an.

Negermusik

Bei den meisten Lehrern und Erziehern in den 1960er-Jahren hast du gespürt, wie beseelt sie noch von Adolf Hitler waren. Sie lebten an uns die autoritären Träume der Kleingeister aus.

Wolfsgraben, ein kleiner Ort im Westen Wiens, umgeben von den unzähligen Bäumen des Wienerwaldes. Dort wuchs ich auf. Die ganze Gegend ist grün und voll sanfter Hügel. Damals war sie noch spärlich besiedelt und wir lebten wie eingeschlossen in einer kleinen Enklave. Wien, das du heute in einer guten halben Stunde über die B 1 erreichst, lag wie auf einem anderen Kontinent.

Um mich herum gab es nichts als diesen dichten, dunklen Wald. Dort traf ich mich mit meinen besten Freunden, Tag für Tag und bei jedem Wetter. Wir waren meist zu fünft oder zu sechst und gingen nur heim, wenn es unbedingt sein musste. Denn da draußen gab es niemanden, der uns kontrollierte. Niemand schrieb uns etwas vor oder schimpfte uns wegen etwas.

Das war angenehm, weil die Erziehung damals noch viel autoritärer als heute war. Sie zwängte uns Kinder in einen Rahmen aus Regeln und Verboten und ich war nie so brav, wie es sich meine Eltern gewünscht hätten. Ich zündelte mit den anderen im Wald oder raste mit meinem Roller den Rekawinkler Berg hinunter, bis es mich zerlegte. Der Wald war der Ort, an dem ich mich unbeobachtet fühlte und wo meiner Neugier keine Grenzen gesetzt waren. Er war ein für mich fast heiliges Territorium. Dort fühlte ich mich frei, stark und wild.

Es gab diese großen Momente, die du vielleicht zunächst gar nicht als solche wahrnimmst, und die du dann doch dein Leben lang mit dir herumträgst. Wir machten Lagerfeuer und warfen echte Patronen hinein, die wir gefunden hatten. Im Unterholz oder im Bach. Dieses Teufelszeug lag nach dem Krieg kiloweise herum. Einfach so.

Wir sahen nicht, wie böse es hätte ausgehen können, und kein Erwachsener bekam mit, was wir taten. Kinder waren damals noch viel mehr auf sich gestellt. Ich finde das im Großen und Ganzen richtig so. Mich jedenfalls prägten die Erfahrungen, die wir miteinander machten, auf positive Weise.

Um die Patronen zum Explodieren zu bringen, brauchst du eine ordentliche Glut. So eine Patronenhülse muss erst einmal schmelzen. Also musst du ein großes Feuer machen und stundenlang warten. Plötzlich knallt es so laut, dass es im ganzen Wald zu hören ist. Es klingt wie ein Schuss. Es folgt ein Stakkato von Schüssen. Paff, paff paff. Dann lange nichts. Dann explodiert wieder eine. Niemand wusste, dass wir hinter dem Lärm steckten. Das gefiel uns.

Die Lichtung mit der Feuerstelle war unser Platz. Sie bestand aus einem kleinen Steinbruch mit einer ebenen Fläche. Perfekt für Zelte. Einmal im Jahr kamen die Pfadfinder zum Campen. Uns störte es, dass sie sich in unserem Revier breitmachten. Auf dem einzigen Stückchen Erde, das nur uns gehörte und an dem wir machen konnten, was wir wollten. Also schlichen wir uns an und kappten mit unseren Taschenmessern ihre Zeltschnüre. Wenn sie es bemerkten, waren wir längst weg. Wir kletterten die Felsen hinauf, sahen uns das Chaos von oben an und lachten uns kaputt.

Aber war meine Kindheit wirklich immer nur perfekt? Ich war zunächst oben, doch es kam der Absturz. Er kam an dem Tag, an dem ich ins Gymnasium nach Wien musste. Wohl auch wegen meinem Bruder, der eine Behinderung hatte und deshalb viel Aufmerksamkeit brauchte. Ich war zehn und es war für mich ein Weltuntergang.

Mein Vater, Direktor meiner Volksschule, bildete sich das damals angesagte Bundeskonvikt ein. Es lag im zweiten Wiener Gemeindebezirk direkt beim Prater, ein Nazi-Nest mit militärischem Drill und autoritär bis zum Abwinken. Auch in Erinnerung daran nahm ich 1973 den Song *Alfred Hitter* mit diesen Textpassagen von Joesi Prokopetz auf:

Alfred Hitter glich ihm sehr
Das Bärtchen und die Haare
Er trug es so wie er
Er hatte blaue Augen
Und ging mit festem Schritt
Und führte einen Wolfshund
An kurzer Leine mit
Er wollte gerne Reden schwingen
Und von großen Zielen singen
Doch kaum wollte er solches sagen
Da sprang aus irgendeinem Grund

Ihm eine kleine graue Kröte
aus dem off'nen Mund
Ja, eine kleine graue Kröte
aus dem off'nen Mund
Und das war bitter,
Für Alfred Hitter
…

Dazu kam, dass ich mich in Wien wie ein blindes Huhn bewegte. Ich konnte kaum eine Straße überqueren. Als totalem Landei waren mir Autos so gut wie fremd. Bei uns im Dorf kam vielleicht einmal pro Stunde eins vorbei. Die Stadt überforderte mich. Ich fühlte mich ausgeliefert.

Es war ein Martyrium. Meine Kindheit war schlagartig vorbei. Nur an den Wochenenden, zwischen Samstagnachmittag und Sonntagabend, durfte ich heim und konnte ich selbst sein. »Das wird dir keinen Fuß ausreißen«, hatte mein Vater gesagt. Das tat es aber doch.

Mein Leben war jetzt von Gewalt und Unterdrückung geprägt, wobei ich noch Glück im Unglück hatte. Wenigstens haben sie mich nicht sexuell missbraucht. Einer der Erzieher starrte mich immer auf so eine bestimmte Art an, traute sich aber offenbar nicht. Ich scheine mich nicht als Opfer geeignet zu haben.

Was in so einem Internat abgeht, verstehen nur Menschen, die es erlebt haben. Die Unterdrückung durch die Erzieher und die älteren Schüler, die sich ein Vorbild an ihnen nehmen. Die strikten, völlig sinnbefreiten Hierarchien, die dich in die Knie zwingen.

Der zweite Weltkrieg war seit zwei Jahrzehnten vorbei, aber jetzt kamen die Nazis wieder aus ihren Löchern. In den Sechzigern ging das. Der Leiter des Internats verurteilte in seinen Reden die »Negermusik« aus Amerika und nannte sie »Affenmusik«. Sie gehöre verboten, meinte er. Vielleicht gefiel mir dieser Sound später auch deshalb so gut.

Auch die Gleichaltrigen setzten mir zu. Als Dorfkind war ich von deutlich hartgesottteneren Stadtkindern umgeben. Vor wilden Tieren wie Füchsen, Dachsen oder Wildschweinen hatte ich keine Angst. In der freien Natur fühlte ich mich sicher und in meinem Element. Aber die rauen Burschen aus der Stadt waren mir nicht geheuer. Ich lag in meinem Bett im Viererzimmer und wagte kaum, einzuschlafen. Auf Dauer macht dich das fertig.

Erst nach zwei Jahren hatte mein Vater ein Einsehen. Ein kleines Drama ging dem voraus. Ich kam für ein paar Tage heim und kaum war ich durch die Tür getreten, brach ich weinend zusammen. Meine Mutter bewog das, ihrem Mann ausnahmsweise zu widersprechen. »Jetzt ist es genug«, sagte sie. »Jetzt reicht es.«

Von da an war ich mit Fahrerei beschäftigt. Morgens um fünf musste ich aus dem Haus und mit dem Rad fünf Kilometer zum nächsten Bahnhof. Die Strecke führte zunächst geschmeidig bergab und dann am Wienerwaldsee entlang bis nach Untertullnerbach zur Haltestelle der Pendlerbahn. Kurz vor sechs musste ich am Bahnhof von Hütteldorf, einem Wiener Randbezirk, sein und dort die Stadtbahn bis Unter St. Veit nehmen. Es folgten zwei Stationen in der Straßenbahn und ein Stück Fußweg einen Berg hinauf. Dann stand ich endlich vor dem Gymnasium in der Astgasse. Sehr zum Missfallen meines Vaters verzichtete ich auf den Religionsunterricht, der ein Wahlfach war. So sparte ich eine Stunde auf meinem langen Weg zurück. Straßenbahn, Stadtbahn, Pendler und Fahrrad, diesmal aber bergauf.

Jeden Tag anderthalb Stunden hin und anderthalb Stunden zurück. Wenn ich am Nachmittag endlich in meinem Zimmer saß, hatte ich keine Lust, auch noch Englisch oder Mathematik zu lernen. Sitzenbleiben war für meinen leistungsorientierten Vater keine Option, auch nicht mit meinen drei Fünfern. Weshalb er mich dank seiner Lehrerkontakte in einer Hauptschule im nahegelegenen Pressbaum unterbrachte. Dreißig Minuten mit dem Fahrrad, das war alles, und dort traf ich meine erste große Liebe. Auf einmal war ich wieder oben. Doch nur wenige Jahre später ging es auch von da wieder zügig nach unten.

Obdachlos

Wenn es dich zur Musik zieht und umgekehrt, verläuft dein Leben manchmal außerhalb jedes Planes. Du verstehst erst hinterher, welchen Sinn die Abstürze hatten, zu denen es dabei kommen kann.

Als Teenager war mir klar, ich wollte mit meiner Gitarre auf Bühnen stehen und spielen. Nur hatte ich keine Ahnung, wie ich dorthin gelangen könnte. Nachträglich siehst du deinen Weg und fragst dich, wie sich alles so glücklich fügen konnte. Doch zwischendurch ist er hart. Das ist halb so schlimm, denn es ist ein Privileg der Jugend, die Dinge als vorübergehend zu betrachten und immer weiter drängen zu können. Doch unten ist unten.

Als ich mit 16 nach einer weiterhin glücklosen Schullaufbahn mit einem Abstecher an die *Höhere Graphische Bundes-Lehr- und Versuchsanstalt*, wo ich immerhin Joesi Prokopetz kennenlernte, wieder nach Wien ging, war das mehr, als daheim auszuziehen. Ich sagte mich regelrecht von meinen Eltern los. Von meinem dominanten Vater wollte ich mir endlich nichts mehr vorschreiben lassen und meine einfühlsamere Mutter war zu schwach, um mich daheim zu halten.

Wenn du dich so von deiner Herkunft löst, fühlst du dich über Nacht ganz alleine auf der Welt. Selbst wenn du gute Freunde hast. Du bist mit 16 noch nicht weit genug für diesen Bruch. In dem Alter kannst du Dinge sagen wie »Ich will ein Rockstar werden«, aber du bist noch nicht erwachsen. Vielleicht dauerte es gerade wegen meines frühen Bruches mit meinen Eltern so lange, bis ich in jener Nacht in der griechischen Gefängniszelle tatsächlich erwachsen wurde. Was mir als Künstler nicht schadete. Du musst verspielt und neugierig sein. Bloß denken Kinder nur an sich und machen sich keine Gedanken über die Konsequenzen ihrer Handlungen.

Eine der Fügungen, die ich nachträglich als glücklich erkannte und die mir meinen Weg als Musiker ebneten, bestand darin, dass ich ausgerechnet Schallplattenverkäufer wurde. Nach wenig aufregenden Jobs als Schreibmaschinenmechaniker und Auslagenarrangeur fing ich in einem Musikladen in der Seilergasse in der Wiener Inneren Stadt an. Dort lernte ich die richtigen Leute kennen.

Der Chef des Ladens, ein Tscheche, war zufrieden mit mir und schickte mich in einen Laden nach London, wo ich binnen kürzester Zeit viel Neues lernte. Musik war meine Welt und endlich kam ich mit Menschen zusammen, die etwas Ähnliches darunter verstanden wie ich.

Zwischendurch noch einmal unten vorbeizuschauen bedeutete für mich, in England mangels Arbeitsbewilligung ausgewiesen zu werden und zurück in Wien echte Armut kennenzulernen. Ich hatte manchmal nichts zu essen. Ich wusste manchmal nicht, bei wem ich am Abend am Sofa schlafen würde. Ich hatte manchmal nackte Angst.

Später sagst du, dass dich diese Erfahrungen inspiriert haben, in meinem Fall zu Textteilen für den Song *De Kinettn wo i schlof.*

…

I hob mi scho seit zenn Tog
Nimmer rasiert und nimmer gwoschn!
Und i hob nix als a Flaschn Rum in da Mantltoschn.
De gib i ma zum Frühstück
Und dann schnorr i an um a Zigarettn an –
und an um an Schülling.
Und de Leut kommen ma entgegn
Wie a Mauer kommens auf mi zua
I bin da anzige der ihr
Entgegen geht kummt ma vua –
Oba i reiß mi zamm und
I mach beim ersten Schritt de Augen zua.

…

Wenn du ganz allein auf dich gestellt bist, entwickelst du aber vor allem eine trotzige Stärke. Du lernst, dass du dich am Ende nur auf dich selbst verlassen kannst. Selbst wenn du gute Freunde hast. Du wirst hart. Du wirst egoistisch. Weil du es sein musst. Unser Überlebenstrieb macht das. Diese Härte wirst du nicht mehr los, egal, wie viel Geld du später verdienst. Sie begleitet dich für immer. Wer das nicht versteht, wird mich nie verstehen.

Gleichzeitig lernte ich, wie wichtig meine Freunde für mich sind, wie sich echte Freundschaft anfühlt und woran falsche Freunde und Opportunisten zu erkennen sind. Für sie habe ich bis heute wenig Toleranz.

Telefonbuch

Dass Da Hofa später in die österreichische Kultur einsickern würde wie Blut in die Erde, war für uns nicht abzusehen.

Es ging ziemlich schnell ziemlich steil wieder nach oben. Ich fand eine neue Stelle in meinem damaligen Traumberuf als Plattenverkäufer, diesmal in einem anderen Laden in der Innenstadt. An den Sommer-Abenden traf ich mich mit meinen Freunden am Theseustempel, einem klassizistischen Gebäude im Wiener Volksgarten, das wie eine Miniaturausgabe der Athener Akropolis aussieht. Dort sang ich den Song *Da Hofa.*

Es war ein Gedicht meines Freundes Joesi Prokopetz. Ich hatte es mit schrägen Harmonien vertont. »Stell dir vor, das ist mir beim Fliesenlegen eingefallen«, hatte Joesi eines Tages zu mir gesagt und mir die Rohfassung des Textes gezeigt.

Er hatte danach noch weiter daran gearbeitet, bis ihm nur noch ein Name fehlte, der aus zwei Silben bestehen musste, und er sich das Wiener Telefonbuch schnappte. In einer Winternacht in Wien Ottakring, als Joesis Eltern nicht daheim gewesen waren, hatte ich ihm meine Version des Songs vorgespielt. »Ja, passt, das kann man so lassen«, hatte er gesagt.

Ohne irgendwelche Erwartungen zu haben, spürte ich, dass der Song etwas Besonderes war. Es gab damals sonst noch nirgendwo die Kombination aus schrägem Sound und krassem Text. Einem Text, der beim *Hofa* keinen Refrain hatte, aber dafür eine Geschichte mit einer starken Schlusspointe erzählte:

»Schau, da liegt a Leich im Rinnsal
'S Bluat rinnt in' Kanal«
»Heast, des is makaber
Da liegt ja a Kadaver«
»Wer is'n des, kennst du den?«
»Bei dem zerschnittnen Gsicht kann i des net sehen«
Der Hofer war's, vom Zwanzgerhaus
Der schaut mir so verdächtig aus
Der Hofer hat an Anfall kriagt
Und hat die Leich da massakriert
Da geht a Raunen durch die Leut
Und a jeder hat sei Freud
Der Hofer war's, der Sündenbock
Der Hofer, den was eh kaner mog
Und der Haufen bewegt si viere
Hin zum Hofer seiner Türe
Da schreien die Leut: »Kumm ausser, Mörder
Aus is' heut
Geh, mach auf die Tür
Heut is' aus mit dir
Weil für dei Verbrechen musst jetzt zahlen
Geh, kumm ausser da
Mir drahn dir d'Gurgel a
Du hast kane Freund, die da d'Stangen halten, na na na

Meuchelmörder, Leichenschinder
D'justiz war heute g'schwinder
Als was d'glaubst
Also, Hofer, kommen's raus!«
Hofer, kommen's raus
Und sie pumpern an die Tür
Und sie machen an Krawall alswia
Da tretatn's aa glatt ei
Tat die Hausmeisterin net sei
Die sagt: »Was is denn, meine Herrn?
Tan's ma doch den Hausfrieden ned stören!
Denn eines weiss ich ganz gewiss
Dass die Leich
Der Hofer is!«

Es ging weiter dank glücklicher Fügungen nach oben. Adele, die ich aus dem Plattenladen kannte, hatte gute Kontakte. Sie überredete den Produzenten Peter Müller, mich zu fördern. Kurz nach *Da Hofa* schrieb ich den Song *Du bist wia de Wintersun*. Wieder nach einem Text von Joesi.

Wahrscheinlich war Joesis und meine Beziehung so ähnlich wie die zwischen Elton John und seinem Texter Bernie Taupin, auf die der Film *Rocket Man* eingeht. Elton John wäre ohne Bernie Taupin, der die Texte für Songs wie *Your Song*, *Candle in the Wind* und *Rocket Man* schrieb, nie so erfolgreich gewesen. Jedenfalls dieser Satz, der in dem Film fällt, traf auch auf uns beide zu: Er war immer da, auch dann, wenn er nicht da war.

Noch bevor meine erste Single herauskam, hatte ich ein ganzes, selbst komponiertes Album fertig, saß unversehens in einem Tonstudio und sang den *Hofa* ein. Die Radiostationen brauchten eine Weile, bis sie den Song spielten. Vielleicht schockte er sie mit seinem für damalige Verhältnisse wirklich ziemlich krassen Text zunächst. Doch bald spielten sie den *Hofa* in Dauerschleife.

Jetzt konnte ich mir genug zu essen kaufen. Ich konnte es mir sogar leisten, im Beisl zu essen wie erfolgreiche Erwachsene. Davor hatte ich mich in den Lokalen und Diskotheken vor Bestellungen gedrückt. Das war vorbei und ich schmiss die ersten Runden für meine Freunde. Grandios.

Bald gab es kein Halten mehr. Als ich im Dezember desselben Jahres mit dem *Hofa* im traditionsreichen Wiener Theater *Ronacher* während der TV-Sendung *Spotlight* des prominenten Moderators und Entertainers Peter Rapp auftrat, war der Song seit Wochen auf Platz eins der Charts. Die Single hatte sich mehr als 30.000 Mal verkauft, was damals eine Sensation war. Im Februar erschien meine erste Langspielplatte *Alles andere zählt net mehr.* 15.000 Stück gingen von dem Album weg.

Von diesem Zeitpunkt an war ich von allen Zwängen befreit. Von denen meiner Eltern, von denen des Funktionieren-Müssens in einem System, das ich ablehnte, und von den finanziellen, die auch immer eine Rolle spielten. Ich tat mit all meiner Härte nur noch, was ich wollte. Aber ich blieb auch dieses Mal nicht oben.

Fichten

Er flüchtet in die Selbstzerstörung, vü Schaps, vü Rauch und vü Kaffee, bis earm amoi die Luft wegbleibt. So heart des auf, so wird des weida geh'n …

Viele Menschen fragen mich nach Tipps für junge Musiker. Einer lautet: Bevor du etwas veröffentlichst, solltest du möglichst viele andere Sachen im Repertoire haben. Damit du später nicht strampeln musst.

Tatsache ist, dass du gar nicht genug andere Sachen haben kannst. Denn der Erfolg macht dich zum Passagier in deinem Leben. Du bist auf dieser nie endenden Rockstar-Party und währenddessen willst du liefern. Alle sollen bekommen, was sie bestellt haben. Wenn du dir als Musiker einmal einen Namen gemacht hast, wollen die Produzenten aus dir herausholen, was geht.

Dieser Druck lastete auch auf mir. Jedes Jahr musste ein neuer Hit her. Meistens funktionierte das, keine Ahnung, wie. Heute könnte ich solche Songs nicht mehr schreiben, aber damals flogen sie mir zu. Das ganze Album *Der Watzmann,* aus dem ein erfolgreiches Musical oder, wie wir es nannten, ein Rustical wurde, flog Manfred Tauchen, Joesi Prokopetz und mir 1974 einfach so zu.

Der Watzmann ruft erzählt jetzt über das ewige Gerufen-Sein vom bösen Berg, von den Männern, die aus Imponiersucht »auffi« wollen und manchmal ihr Leben dafür lassen, und von der Gailtalerin, die ihre Macht über die Männer missbraucht und sie damit in ihr Verderben stürzt.

Wir sahen uns, bevor wir ihn schrieben, zu dritt völlig bekifft im Schwarz-Weiß-Fernsehen den Mitschnitt eines Theaterstückes von Karl Schönherr an. Es hieß *Erde* und war so ein Blut-und-Boden-Stück, bei dem sich die Figuren mit derber ländlicher Sprache oder überhaupt gleich mit den Fäusten ansprachen. Wir lachten uns blöd und fingen an, genauso zu reden. Joesi und ich gingen schlafen, aber Tauchen blieb auf und schrieb die Szenen nieder, die einfach aus uns herausgesprudelt waren. Hätte er das nicht getan, wäre am nächsten Tag alles weg gewesen. So ging das damals. Alles lief wie von selbst. Aber es verlangte mir viel ab.

Einige Jahre später, 1977, war ich leer. Ich fühlte mich wie eine musikproduzierende Maschine und wusste, dass ich dringend etwas tun musste, bevor gar nichts mehr gehen würde. Ich musste mich wieder sammeln. Ich war 24 Jahre alt, ein Star, verheiratet und während alle dachten, ich sei ganz oben, war ich in Wirklichkeit ziemlich weit unten. Ich war so gut wie ausgebrannt und haute einfach ab.

Ich kannte eine Amerikanerin, die als Studentin nach Österreich gekommen war. »Bist du Wolfgang Ambros?«, hatte sie mich mit ihrem breiten Akzent in dem schummrigen Aufreißerlokal *Chattanooga* am Wiener Graben gefragt. Sie war klein, schlank und dunkelhaarig.

Ich versuchte, nicht auf ihre Bluse zu starren. »Ja, bin ich.«

»Ich hab dich vorhin im Radio gehört.« Sie lächelte.

Ihr Name war Beth, sie war eine New Yorker Jüdin und ich verknallte mich Hals über Kopf in sie. Was nicht bedeutete, dass sie fortan die Einzige in meinem Leben war. Das wäre zu der Zeit undenkbar für mich gewesen. Aber Beth gefiel mir so gut, dass sie zu einer meiner etwas festeren Freundinnen wurde.

Jetzt, als sie längst wieder daheim in New York war, schrieb sie, ich solle sie doch besuchen kommen. Ich dachte: Ich muss hier weg, warum also nicht? Beth holte mich vom John-F.-Kennedy-Flughafen ab.

Wir, die jungen europäischen Generationen der Sechziger- und Siebzigerjahre, waren von der amerikanischen Kultur geprägt. Vor allem von der Musik. Von den *Doors*, den *Stones*, von Bob Dylan und der gesamten Avantgarde des Rock'n'Roll. Für uns stand sie für Aufbruch, Freiheit und Alles-ist-möglich.

Auf dem Weg vom Flughafen zu ihrer Wohnung fuhren wir in der Abenddämmerung über die Brooklyn Bridge. Es war kitschig und schön. Wenn du das zum ersten Mal sieht, geht dir das Herz auf. Das ist also alles echt, denkst du dir, das gibt es alles wirklich, es ist keine Filmkulisse. Wahnsinn.

Es war noch Winter, Jänner glaube ich, der Jänner 1977 und eiskalt. Beths Wohnung lag in der Upper East Side. Dort verbrachte ich in den folgenden Monaten viel Zeit, denn Beth arbeitete meistens. Sie war im Polizeidienst und offenbar ziemlich ambitioniert. Ich hätte sie gerne mehr gesehen, aber sonst war alles bestens. Ich spazierte herum, schaute auf dem *World Trade Center* in die Wolken und saß in Kneipen.

Die Upper East Side war zu dieser Zeit eine ziemlich angesagte Gegend. Überall hingen freakige Leute herum, überall machte jemand Musik. Ständig hattest du neue Sounds in den Ohren.

Meinen Geburtstag im März feierte ich auch dort. Ich hatte innerhalb dieser wenigen Wochen genug neue Freunde gefunden, um Geburtstagseinladungen aussprechen zu können. Alle, die sich einfanden, viele davon Freunde von Beth, bekamen ein Wiener Schnitzel mit Kartoffelsalat.

Ich hörte mir die Musik der anderen an und wünschte mir zum ersten Mal wieder, selbst zu spielen und aufzutreten. Aber erst einmal ging das nicht. Ich war noch wie zu. Außerdem waren die Musiker dort modern ausgerüstet. Sie besaßen irre Maschinen, wie ich sie noch nie gesehen hatte. Das waren noch keine Computer, aber gute und damals ganz neue Geräte, mit denen sich einiges machen ließ. Ich hatte nur meine Gitarre.

Deshalb zögerte ich, und dann waren wir auf einmal weg von New York. Beth hatte frei und wollte in den Süden, nach Mexiko. »Wie lange kannst du weg?«, fragte ich sie.

Sie machte eine unbestimmte Geste. »Solange ich will.«

Wir waren wochenlang unterwegs. Es war ein kleines, kurzes Zwischen-Hoch. Dann war Schluss und ich flog wieder heim.

Mein Aufschlag in Wien war hart. Ich fuhr vom Flughafen direkt zu unserem Haus. Meine Frau war nicht mehr da. Ich verstand das. Immerhin hatte ich mich fünf Monate lang nicht blicken lassen. Hart war es trotzdem.

Im Dunklen tastete ich nach dem Lichtschalter. Ich konnte mich nicht mehr erinnern, wo genau er war. Ich fühlte mich allein und verlassen und mir fehlte jeder Plan.

So stand ich in einem dunklen Zimmer, starrte hinaus auf zwei mächtige Fichten vor dem Fenster und es war, als würden sie auf mich einstürzen.

Das Haus gibt es noch immer, gerade hat es ein neues Dach bekommen. Die Fichten sind weg. Sie erlitten das Schicksal vieler alleinstehender Bäume, die immer höher und höher wachsen, ungeschützt vor den Stürmen. Mit ihnen wächst das Risiko, dass sie tatsächlich umstürzen und etwas demolieren. Schließlich kommen sie und schneiden sie um.

Damals standen sie aber noch da draußen, diese beiden Fichten, hoch aufragend und düster in der Nacht. Sie stürzten nur in meiner Fantasie um und inspirierten mich zu diesem neuen Song, der eigentlich alles über meinen damaligen Zustand sagt:

Wie wird des weitergeh'n

A junger Mensch sitzt gottergeben,
und fiarcht sie vor die Bam vorm Fenster,
er hot sie an die Agonie verkauft.
Die schönen Zeiten san vorbei,
er is gelähmt voa Aungst, er was
er is alla und krank und kana hüft earm.
Und er wü furt, nur furt,
er wü weg, nix wie weg.
Gspiat das des was Ernstes is,
er fiacht sie in da Frua vorm Aufsteh,
und ollas, was er denken kann is:
Wie hört das auf, wie wird das weitergehen?
Die ganze Kraft hat erm verlassn,

wo san de Toge, wo da Wind
der den Kater in da Frua verblosn hot.
Er hot de Spiele imma gwunna,
er hot so leichte Gegner ghobt,
er hot net glaubt, dass er a amoi verlier'n könnt.
Es is vorbei, ollas vorbei,
Er is alla, gonz alla,
Er selber is jetzt sei grösster Gegner.
Und selber tuat sie neamd gern weh,
owa jetzt muass er, weil er was ned:
Wie heart des auf, wie wird des weida geh'n.
Er gibt sie Mühe, dass er ruhig bleibt,
er red net vü, er grobt sie ein,
er wü vermeiden, dass er unguat auffoid,
er flüchtet in die Selbstzerstörung,
vü Schaps, vü Rauch und vü Kaffee,
bis earm a moi die Luft wegbleibt.
So heart des auf, so wird des weida geh'n ...

Das Album *Hoffnungslos,* dessen erster Song das war, floppte. Heute sagen alle, es sei besonders wichtig gewesen, aber so ist es eben manchmal in diesem Business. Im Hinblick auf meinen Erfolg in Deutschland war es jedenfalls wirklich wichtig. Vielleicht kam es dort eben deshalb so gut an, weil ich darin mein Lebensgefühl nach der Rückkehr aus den USA ehrlich beschrieb.

Doch das dauerte noch ein wenig. Denn ich war ein halbes Jahr nicht in Österreich gewesen und ein halbes Jahr ist im Musikgeschäft eine Ewigkeit. Wenn du weg bist, bist du weg. Es vergingen auch noch Wochen, bis die Platte fertig war, und dann weitere, bis ich wieder ins Geschehen einstieg.

Grau

Brauchst du das Hinauf und Hinunter, weil du unten immer wieder Kraft schöpfst? Weil du sonst im Leben nicht weiterkommst? Weil es sonst langweilig wäre?

Ich war also zwischendurch weit unten in dieser Zeit, die heute so aussieht, als wäre die große Party ununterbrochen immer weitergegangen. Nur dauerten die Abstürze nie so lange. Auch in diesem Fall nicht.

Mein Schlagzeuger und ein anderer Freund hatten sich ebenfalls von ihren Frauen getrennt. Auf einmal waren wir drei frischgebackene Singles in einer Männer-WG mit Wohnzimmer, einer Küche und zweieinhalb Schlafzimmern. Und damit Anlaufpunkt für Partys aller Art.

Das machte Spaß, aber ich ahnte, dass es mit diesem Lebensstil musikalisch für mich kaum wieder aufwärts gehen würde. Deshalb kamen wir in einem irren Moment auf die Idee, nach Kitzbühel zu fahren und Skilehrer zu werden. Ich hätte mir den Aufenthalt wie gesagt auch so leisten können, aber die anderen brauchten das Geld, deshalb zog ich mit. Mit Konzerten war im Winter ohnedies nichts zu holen.

Ich war schon einigermaßen bekannt, weshalb mir die Leiter der Skischule nur Holländer und Norddeutsche zuteilten. Vier Wochen hielt ich durch, dann wurde es mir zu dumm. Ich hatte keine Lust mehr, mich herumkommandieren zu lassen.

Als Nächstes, 1978, erschien mein Album mit meinen Interpretationen von Dylan-Songs. Da ging die Rockstar-Party erst so richtig los. Trotzdem gab es weitere Abstürze. Zu einem davon, dem letzten, von dem ich hier beispielhaft für das Auf und Ab als scheinbar dem Leben zugrunde liegendem Rhythmus erzählen will, kam es am Tag vor meiner Nacht in jener griechischen Gefängniszelle.

Andere sahen in dem Ereignis nur einen dunklen Schatten über einem strahlend schönen Leben. Zumindest erweckten diesen Eindruck die Zeitungen, die sich fasziniert darauf stürzten. Für mich war es mein bis dahin tiefster Absturz. In manchen Nächten verfolgt er mich bis heute.

1986, Hafen von Milina (Griechenland). Die Sanitäter taten nichts. Sie standen um den Rettungswagen herum. »Wir sind für die Lebenden da, nicht für die Toten«, sagten sie.

»Wer kümmert sich dann um ihn?«, fragte ich.

Sie sahen mich schweigend an.

»Okay«, sagte ich. »Was soll ich tun?«

Sie trugen den Toten zu meinem Wagen. Ich öffnete den Kofferraumdeckel und sie legten ihn hinein. Dann gingen sie wieder.

Ich rief ihnen nach. »Und jetzt?«

»Folge uns«, sagte einer.

Ich stieg ein und startete den Wagen. Sie ließen sich Zeit. Während ich wartete, fuhr links neben mir ein Wagen der Hafenpolizei vor.

»Wir haben Fragen«, sagte der Polizist am Beifahrersitz.

»Wann?«

»Jetzt.«

»Jetzt geht es nicht.«

»Fahr uns nach.«

Ich versuchte, ihnen die Situation zu erklären. Bis ich merkte, dass der Rettungswagen verschwunden war.

»Okay?«, fragte der Polizist.

»Okay.«

Wir fuhren etwa eine Stunde bis ins Hafenamt von Volos. In einem Zimmer ihres Reviers stellte er mir immer wieder die gleichen Fragen.

»Wer ist mit dem Boot gefahren?«

»Ich.«

»Was war das Ziel?«

»Wir wollten eine Runde drehen.«

»Warum?«

»Er hatte es sich gewünscht.«

»Warum hast du nach rechts gelenkt?«

»Um eine Kurve zu ziehen.«

»Warum eine Kurve?«

»Nur so.«

Schließlich sagten sie, sie würden jetzt nach Hause gehen, um zu schlafen. »Und ich?«, fragte ich. »Was soll ich tun?«

Wohin sollte ich jetzt, um 4 Uhr morgens, mit einem Toten im Kofferraum?

Zwölf Stunden davor. Nach einer Fahrt über den knapp 1.200 Kilometer langen Autoput von Österreich nach Griechenland, eine Strecke, die ich inzwischen blind bewältigen konnte, kam ich im Hafen von Milina an. Es nieselte und war kalt, was im Mai hier selten vorkam. An der Mole lag mein nagelneues weißes Motorboot. Das alte war hinüber gewesen.

Zunächst ging ich in das Hafenlokal, um etwas zu essen und den Mann zu treffen, der das Boot gebracht hatte. Dort stieß ich auf eine Gruppe von Urlaubern, bei denen auch Nockerl saß. Er hatte in Milina zu tun gehabt und war nun ebenfalls am Rückweg nach Petraki zu unserem gemeinsamen Haus.

Einige von den Urlaubern kannte ich vom Wegsehen, wie es so schön heißt. Sie hatten das Boot eines St. Pöltners für einen Segelturn gechartert. Es hatte fünf Schlafplätze und sie wollten damit die nördlichen Sporaden erkunden. Sie warteten mit dem Auslaufen nur noch auf besseres Wetter.

Unter ihnen war ein Mann in einem Rollstuhl, den ich nicht kannte. Er stellte sich als Kernphysiker heraus. Es war Mai 1986 und wenige Tage davor, am 26. April um 1.23 Uhr, hatte sich der Reaktorunfall in Tschernobyl ereignet. Darüber redeten wir. »Die Nachwirkungen werden weniger schlimm ausfallen, als alle erwarten«, sagte er.

»Ich verstehe nicht viel davon«, sagte ich. »Aber wenn du es sagst, wird es schon stimmen.«

Als sich herumsprach, dass ich ein neues Motorboot hatte, wollten alle eine Runde damit drehen. Der Skipper der Gruppe, der seinen Kunden offenbar etwas bieten wollte, hatte die Idee. Der Atomphysiker war besonders angetan davon. Er war ein bisschen schräg, aber ein interessanter Gesprächspartner. Ich wollte trotzdem weder ihn noch die anderen mitnehmen. »Tut mir leid«, sagte ich. »Vielleicht ein anderes Mal.«

Der Atomphysiker ließ nicht locker. »Herr Ambros, bitte erfüllen Sie mir diesen Wunsch«, sagte er. »Ich würde wirklich gerne einmal in einem Motorboot hinaus aufs Wasser.«

Ich benutzte mein Boot immer nur als Transportmittel. Einfach in der Gegend herumzufahren, kam mir nicht in den Sinn. Ich schüttelte weiter den Kopf. Auch weil ich einfach kein gutes Gefühl bei der Sache hatte.

Ich tuckerte allein in meiner nagelneuen *Moulin Rouge 2* aus dem Hafen, als ich hinter mir Rufe hörte. Da stand sie, die Gruppe. Einige winkten und riefen mir etwas zu, das ich nicht verstand. Ich dachte, irgendetwas sei passiert, wendete und fuhr zurück. Es ging wieder um die Ausfahrt. Vor allem der Atomphysiker drängte weiterhin. Ich wollte nicht, dass er mich als arroganten Star in Erinnerung behielt und da war dann so ein Moment, in dem ich nicht mehr Nein sagen konnte.

Gegen meine innere Überzeugung legte ich längsseits an, damit er und etwa die Hälfte der Gruppe bei mir einsteigen konnten. Die andere Hälfte ging bei Nockerl an Bord. Zündschlüssel. Der Yamaha-Außenbordmotor brummte. Nockerl fuhr voraus, ich folgte. Als wir den Hafen verlassen hatten, gab ich Gas. Der Bug der *Moulin Rouge 2* hob sich elegant und senkte sich wieder, sodass das Boot wie eine Königin auf dem glatten Wasser dahinglitt.

Du kommst dort nicht ins offene Meer hinaus. Davon trennt dich eine vorgelagerte Insel. Überhaupt sind die Verhältnisse dort ziemlich beengt. Alles liegt recht nahe beieinander. Um nach Petraki zu gelangen, musst du mehr oder weniger nur einmal richtig Gas geben und schon bist du so gut wie da.

Der Atomphysiker saß hinten auf der Bank, genau in der Mitte. Alle bei mir an Bord waren bester Laune. Sie lachten. Ich sah mich um. Der Atomphysiker lachte auch.

Ich sah Nockerl mit seinem Boot auf unseren Steg in Petraki zusteuern, um, wie ich annahm, seinen Gästen einen Drink zu servieren. Ich wollte meinen noch etwas bieten und zog in einer scharfen Kurve nach rechts.

In dem Moment tauchte wie aus dem Nichts ebendort Nockerls Boot auf. Er hatte seine Pläne entweder geändert oder ich hatte sein Manöver falsch interpretiert. Jedenfalls zog er genau in dem Moment, in dem ich nach rechts zog, nach links.

Ein Augenzeuge, der das Ganze vom Ufer aus beobachtete, sagte hinterher, es hätte wie in einem James-Bond-Film ausgesehen. Nockerls Boot sprang regelrecht über meines. Überall flogen schreiende Menschen ins Wasser. Auch ich wirbelte durch die Luft und stürzte ins Meer. Ich ging unter. Das Wasser war eiskalt. Wo ging es in die Tiefe? Wo zum Tageslicht?

Es trieb mich an die Oberfläche. Beide Boote waren gekentert. Bei einem Boot wie der *Moulin Rouge 2* ist der Motor der schwerste Teil. Deshalb hing sie mit dem Heck nach unten im Wasser. Ich schluckte Salzwasser und hustete. Überall schwammen Menschen. Überall Schreie. Alle suchten die Oberfläche ab. Sind alle da? Wer fehlt? Wo ist der Atomphysiker? Er konnte nicht schwimmen, so viel war klar.

Ich tauchte. Bei bedecktem Himmel ist es unter Wasser dunkel. Ich konnte nichts sehen, nur tasten. Ich tauchte immer wieder, während die anderen schon an Land waren. Schließlich ertastete ich einen Fuß und zerrte den Mann aus dem Boot. Er war im Moment des Aufpralls als Einziger gesessen und zwischen den Sitzen durch in den Stauraum im Bug gerutscht, wo er steckengeblieben war.

Mit dem Arm unter seinem Kinn zog ich ihn wie ein Rettungsschwimmer ans Ufer. Als er dort mit seinem bleichen Gesicht in seinen nassen Kleidern lag, war sein Kopf seltsam zur Seite gedreht. Genickbruch, stellten die Sanitäter später fest. Er hatte keine Chance gehabt. So endete sein Leben.

Im Revier der Hafenpolizei gab es eine Gefängniszelle. »Hier kannst du schlafen«, sagten die Polizisten.

Ich legte mich auf die Pritsche. Sie war hart und ich fror. Mir war schlecht. An Schlaf war kaum zu denken. Ich wälzte mich herum, bis ich nach zwei Stunden aus einem Dämmerzustand hochfuhr. Diese Frage pochte in meinem Kopf. Warum? Warum?

Je länger du in so einer Situation grübelst, desto mehr Fragen tauchen auf. War ich inkonsequent gewesen, als ich gegen meine Überzeugung mit dem Boot nur so herumgefahren war? Als ich zum Spaß nach rechts lenkte, während ich besser geradeaus gefahren wäre? Als ich mich ablenken ließ und nach hinten schaute? Und vor allem: Warum, warum nur hatte der Mann so sehr um diese Fahrt gebeten?

In der Morgendämmerung betrachtete ich mich im Rückspiegel meines Wagens. Wenn du nach so einem irrwitzigen Erlebnis in den Spiegel schaust, hast du dich verändert. Rund um die Ohren entdeckte ich zum ersten Mal graue und weiße Haare. Von jetzt an bin ich kein Junge mehr, dachte ich. Von jetzt an habe ich auch für mein Publikum die Unschuld verloren.

In Wien kam es so schlimm, wie ich es erwartet hatte. *Ambros tötet gelähmten Wissenschaftler.* So klangen die Schlagzeilen. Ausgerechnet der Typ, der mich gedrängt hatte, den Kernphysiker mitzunehmen, informierte als Erster die Medien.

Die ersten beiden Verhandlungen fanden in Griechenland statt. Die Hafenpolizei hatte alles genau protokolliert. Ich hatte ihnen noch das winzigste Detail erklärt. Zwei Boote fahren aufeinander zu. Sie wollen aneinander vorbei. Im gleichen Moment lenkt das eine nach rechts, das andere nach links. Es war kaum zu glauben, wie viel es darüber aufzuschreiben gab.

Auch in Österreich kam es zu einem Prozess. Ein Unfall vor der griechischen Küste war zwar Sache der griechischen Justiz. Bloß sah das die österreichische Staatsanwältin und spätere FPÖ-Politikerin Helene Partik-Pablé anders. Sie machte daraus eine Sache von nationalem Interesse, weil ich Wolfgang Ambros hieß. Einen Star anzuklagen bringt Staatsanwälten Publicity. Mein Anwalt beruhigte mich. »Kein Problem«, sagte er. »Das erledigt sich von selbst.« Er behielt recht.

Der bitterste Moment war der am Tag nach dem Unfall, als ich allein zu unserem Haus kam. Nockerl lag verletzt im Krankenhaus. Am Boden zerstört saß ich auf der Terrasse. Meine Frau Margit, die daheim in Pressbaum geblieben war, hatte sich sofort auf den Weg gemacht, als sie gehört hatte, was passiert war, aber sie war noch nicht da. Eine gespenstische Stille lag über dem frühlingshaft blühenden Petraki, zumindest kam es mir so vor. Da trat Tillmann, der Guru unserer Bucht, zu mir. Er erwies sich als Einziger, der wusste, was er in dieser Situation zu sagen hatte. Die drei Worte, die er sagte, vergaß ich nie mehr.

Zunächst nahm er schweigend mir gegenüber Platz, nachdem ich ihn dazu aufgefordert hatte. Weder hatte er den Atomphysiker gekannt noch war er unter den Augenzeugen des Unfalls gewesen. Er wusste nur, was ihm die anderen erzählt hatten, und das war zweifellos einiges gewesen. Offenbar wusste er auch, wie sehr der Mann auf die Fahrt gedrängt, ja geradezu darum gebettelt hatte.

Tillmann legte seine großen Hände vor sich auf den Tisch. Einmal mehr schien es mir, als wüsste er Dinge über das Leben, die ich nur vermuten konnte. »Er war reif«, sagte er. Sonst nichts. Wir schwiegen danach beide und ich dachte zum ersten Mal darüber nach, wie das Schicksal die Geschichten erzählt, die am Ende unser Leben sind.

Jahre später krachten zwei mit ihrem Boot ungebremst in die dem Hafen vorgelagerte Insel. Mitten in der Nacht und im Vollrausch. Das Boot explodierte und beide starben. Wer immer von ihnen das Boot gelenkt hatte, ihn traf die Schuld an dem Unglück. Mich traf an dem Unglück, in das ich verwickelt gewesen war, keine Schuld, weder moralisch noch nach dem Seerecht, wie auch die Gerichte feststellten. Trotzdem war es das tiefste Tal, durch das ich musste, während alle dachten, mein Leben sei eine einzige Party.

Damals funktionierte es jedenfalls noch, dieses verlässliche Hinauf nach jedem Hinunter. Doch als ich nach meiner ersten Rückenoperation kaputt und verlassen am Boden lag, kam mir dieser Gedanke: Es gibt neben dem ständigen Auf und Ab im Leben vielleicht auch ein großes Auf und ein großes Ab, und nach dem großen Ab hast du keine Zukunft mehr.

Nach diesem großen Knickpunkt mitten in meinem Leben, der sich rund um einen Knickpunkt in meiner Wirbelsäule manifestierte, konnte einiges nicht mehr besser werden. Ich würde nicht mehr zurückkriegen, was mir der Krebs genommen hatte, und meine Wirbelsäule würde nie wieder so werden, wie sie einmal war. Ich würde den rechten Fuß immer wie Quasimodo hinter mir herziehen und zwei Stöcke brauchen, um mich fortzubewegen.

Kann Schuld wirklich das Schicksal bestimmen? Wenn es so ist, was ist dann überhaupt meine Schuld? Das fragte ich mich.

Wenn du den Text für einen Song schreibst oder die Melodie dafür komponierst, wenn du die Lichtshow für deine Tour machst oder mit dem Grafiker über ein Plattencover sprichst, gilt immer ein Prinzip: Bleib beim ersten Gedanken. Er ist meistens der richtige.

Wenn ich über Schuld nachdenke, fallen mir als Erstes diese drei Dinge ein: Sex – klar. Drugs – definitiv auch. Rock'n'Roll – die Härte des Geschäftes, die das ganze

Rock-Business in gewisser Weise zum Hardrock-Business macht.

Aber auch das der Reihe nach …

Drugs

Unsere Zeit war da, um stattzufinden. Zum Handeln, nicht zum Überlegen. An jedem Tag gewinnst du zwar ein kleines bisschen mehr Verstand. Trotzdem nimmt dann immer wieder dieses Bedürfnis überhand: Vergiss jetzt einmal alles. Lass dich fallen und lass dich gehen. Irgendwie geht es auf jeden Fall aus. Das haben wir oft genug gesehn.

Drogen hatten in den 1970er-Jahren definitiv eine andere Bedeutung als heute. Es gab keine Legalisierungsdebatte und keine Industrie mit den heutigen Dimensionen. Sie waren kein allgemein zugängliches Konsumgut, mit dem du dich zudröhnst, wenn du gerade keine Lust auf *Netflix* oder Online-Shoppen hast. Du konntest sie dir nicht auf Krankenschein verschreiben lassen und Opiate in Form von Stimmungsaufhellern oder Beruhigungsmitteln zersetzten Gehirne noch nicht im pandemischen Ausmaß, wie sie es heute vor allem in den USA tun. Drogen waren von Geheimnissen umgeben. Sie waren etwas für die Neugierigen. Für jene, die aufbrachen. Für jene, die suchten, nach dieser neuen Welt, um die es uns allen ging. Diese Welt hatte für uns hier in Europa etwas mit Amerika, mit Musik und mit unserem Innersten zu tun.

Eine der Fragen, die du dir stellst, wenn du ein halbes Jahrhundert später kaputt am Boden liegst und grübelst, lautet: Wenn Drogen etwas auslösen, das dich so wie eine

Schuld einholt, spielt es dann eine Rolle, aus welchen Gründen du sie genommen hast? Wenn es so etwas wie Sühne dafür gibt, ist sie dann nicht immer die gleiche?

LSD

Ich war 16 und saß wie fast jeden Abend im *Voom Voom* im 8. Bezirk, damals wie das *Vanilla,* ein Club, oder die *Camera Obscura* ein Fixpunkt der Wiener Partyszene. Neben mir Joesi Prokopetz, vor mir tanzende Menschen, die meisten betrunken. Hinter mir auf der Bank war etwas. Es steckte zwischen der Lehne und der Sitzfläche. Eine Filmdose aus schwarzem Plastik. Ich hatte eine Vermutung. Tatsächlich war die Dose bis oben hin voll mit kleinen gelblichen Tabletten. »Schaut aus wie LSD«, sagte ich zu Joesi.

Er nickte.

Jemand hatte die Dose dort in der Bank offenbar vor der Polizei versteckt. Damals gab es regelmäßig Razzien im *Voom Voom.* Aus gutem Grund.

Unsere Zeit war da um stattzufinden,
Zum Handeln, ned zum Überlegen.
An jedem Tag gewinnt ma zwar
A klanes Bissl mehr Verstand,
Und trotzdem nimmt dann immer wieder
Dieses Bedürfnis überhand:
»Vergiss jetzt amoi olles,
Loss di falln und loss di geh'n …

Irgendwie geht es auf jeden Fall aus,
Des hob ma oft und oft scho g'sehn!«

So habe ich das damalige Lebensgefühl später in meinem Song *Voom Voom Vanilla Camera* zusammengefasst, und deshalb überlegten wir jetzt nicht lange, sondern spülten jeder eine Pille mit einem Schluck Bier hinunter.

LSD, die Kurzform von Lysergsäurediethylamid. Erstmals hergestellt in den 1930er-Jahren von dem braven Schweizer Chemiker Albert Hofmann. Zunächst galt es als vielversprechendes, weil hochwirksames Medikament für die Psychotherapie. Der kalifornische Psychologieprofessor Timothy Leary experimentierte damit an der *University of California* in Berkeley und propagierte die Legalisierung aller psychedelischen Drogen. Gleichzeitig entdeckten die Hippies LSD als Partydroge und Transportmittel in andere Welten. Der Rest ist Geschichte.

Die gelblichen Pillen schwammen jetzt jedenfalls in unseren Bäuchen und erst einmal passierte gar nichts. Es dauert etwa zwei Stunden, bis LSD seine Wirkung entfaltet, das wussten wir. Auch diese zwei Stunden haben es allerdings in sich. Du weißt, das LSD zirkuliert jetzt in deinem System und es gibt für dich kein Entkommen mehr. War es ein Fehler, die Pille zu schlucken? Das fragst du dich jetzt.

Bald bist du dir sicher, dass du es lieber bleiben lassen hättest. Du kriegst Angst. Schreckliche Gedanken drängen sich dir auf. *Wir werden beide sterben.* Solche Dinge. Du weißt, du musst diese Angst fernhalten von dir. Nur jetzt nicht verkrampfen, sonst wird es wirklich schlimm. Noch ein Gedanke drängt sich dir auf. *Das ist jetzt das letzte Mal. Nur dieses eine Mal noch überleben, dann ist Schluss mit diesen Trips.*

Dann schwebst du. Du schwebst einfach so in einem Raum voller Überraschungen. Nichts sieht mehr aus wie vorher. Alles hat unwirkliche, grelle Farben. Die Wände nähern sich dir und weichen langsam wieder zurück. Die Nasen und Ohren der Menschen um dich blähen sich zu enormer Größe auf und verformen sich auf groteske Weise. Zigaretten ziehen sich wie von selbst in die Länge, als seien sie Gummischnüre. Ich schrieb später, 1976, den Song *Es is no ned vorbei* über diesen Zustand. Er beginnt mit damals avantgardistischen Tönen aus einem *Minimoog*, dem ersten Kompakt-Syntheziser, mit dem sich einzelne Töne programmieren ließen. So schufen wir eine gespenstische Atmosphäre.

Sechs Stund'n is' jetzt her,
Dass i so wahnsinnig woa
Und ma des antan hob.
Jetzt sitz i do und es beid'lt mi,
Und im Zimmer geht a Sturm –
Oh – des Zimmer is mei Grob.
I kann nirgens mehr hinschau'n
Und i kann mi ned beweg'n
Weu i so a Angst hob
– Weu i so a Angst hob.
Wann i wos sog, is' so a Unsinn,
Dass' ma sofurt

De Sproch vaschlogt.
I kumm ma wia zastück'lt vua –
– Bewusstseinsspaltung –
Wia ma sogt.
A weißes, tödlich schoafes Messer
Hot si genau in da Mitt'n
In mei Hirn einedruckt
I waß genau, wann i ned aufpaß jetzt,
Und es no weida einiloss
Dann wea i varruckt.

An dieser Stelle breitet sich eine geheimnisvolle Stille aus. Außer wabernden Geräuschen ist nichts zu hören. An dieser Stelle beginnt der Trip. Mit Worten wäre er nicht zu erklären. Wenn du durch diese Tür gegangen bist, kannst du nichts mehr sagen. Es herrscht Sprachlosigkeit. Nur noch himmlische Chöre sind zu hören, die dann einem sonnig leichten Gefühl, das so wie Aufwachen ist, Platz machen. Wir haben versucht, das mit einem Chor nachzuempfinden. Dieses Gefühl: Du bist durch eine Tür gegangen und schwebst. Der Chor endet und dann präludiert der Pianist dahin, alles wird hell.

I hob no nie an wos g'laubt
I hob's ned g'laubt.
I hob no nie so an wos g'laubt
I hob no nie g'laubt –
Des Universum is in mir
– I geh durch die Tia –

Des Licht is tot, mei Herz is laut,
Da Mensch in mir
Wocht wieda auf.
Es gibt jetzt nur mehr Stund'n – Ewigkeit
De Zukunft
Heat si auf.
I glaub nurmehr die Woaheit
Mei geschändetes Bewußtsein
Mocht si wieda frei.
Und irgendwo im Innerst'n
Gspia i genau
Es is no ned vorbei – es is no ned vorbei.

Die Leute, die den Song damals gehört haben, haben ihn nicht verstanden und heute ist er unbekannt. Immerhin gibt es einige Fans. »Spiel Trip«, sagen sie, wenn sie ihn hören wollen.

Du tust es jedenfalls trotz deiner Schwüre während eines Trips wieder und hast während der Wartezeit und manchmal auch mittendrin wieder die gleiche Angst, das Messer könnte sich tief in dein Gehirn senken und du könntest auf dem Trip hängenbleiben. So ist es schließlich schon einigen ergangen. Du kennst zwar niemanden persönlich, aber die Geschichten hast du oft genug gehört. Von einem, der sich den Rest seines Lebens für eine Maus hielt. Von einem, der mit einem Samuraischwert auf seine Frau losging, weil er sie für den Teufel hielt. Von einigen, die sich im Wahn aus dem Fenster gestürzt haben.

Bei mir kam die größte Angst immer, wenn die Wirkung der Droge nachließ, ich aber noch unwirkliche Dinge sah und hörte. *Was, wenn das jetzt für immer so bleibt?* Dieser schreckliche Gedanke.

Fünfzig Tabletten waren in der Dose. Die meisten haben wir verkauft. Geld war damals wichtiger. Die Nachfrage war rege. LSD war eine gängige Droge. Ein paar schluckten wir selbst und katapultierten uns damit in andere Sphären.

Einmal sah ich auf einem Trip Dinge, die ich nie wieder vergaß. Zwei Stunden, nachdem ich die Pille eingeworfen hatte, war ich mittendrin in meinem Körper. Ich sah meine Adern und das Blut, das durch sie hindurchrauschte wie ein reißender Strom. Das Ganze rot. Orangefarben. Leuchtend. Hell. Real. Medizinisch. Ein faszinierendes Abenteuer. Die Überschreitung einer magischen Grenze zu dir selbst. Du sitzt da und schaust. Du kannst dich in diesem Zustand nur mit Menschen unterhalten, die in einem ähnlichen sind.

Mit 18 hielt mich ein Trip die ganze Nacht wach. Am nächsten Morgen rief mich meine Mutter an. Ein Brief für mich sei gekommen. Musterung. Der Termin sei jetzt gleich. »Ich muss einrücken«, sagte ich zu Joesi. Wahrscheinlich fand er das ziemlich lustig. Er war genauso high wie ich.

Ich war noch nicht ganz zurück in der Wirklichkeit. Die Farben um mich herum waren noch viel zu grell, als ich mich auf meine hellblaue DS 50 setzte und losfuhr. Nach wie vor zugedröhnt betrachtete ich im Warteraum die anderen potenziellen Gefreiten. Sie kamen mir rau und hart vor.

Einer, wahrscheinlich ein harmloser Bauernbursche, sah für mich wie ein Indianer aus. Ein anderer hatte das Gesicht eines Fuchses. Ich starrte die beiden die ganze Zeit an, als wäre ich nicht ganz dicht. War ich ja auch nicht.

Ich hörte meinen Namen durch die Lautsprecher. Der Militärarzt schaute mir zum Glück nicht in die Augen. Er klopfte mich nur ab und schon war ich wieder draußen. Tauglich.

Das LSD begleitete mich noch, als mein Aufstieg begann. Die Erfahrungen, die ich dabei machte, waren mir wichtig. Ohne sie wäre ich ein anderer Mensch geworden. Bewusstseinserweiterung. Dieser Begriff trifft die Sache wahrscheinlich ganz gut.

Bewusstseinserweiterung ist aber nur das eine. Das andere ist der völlige Verlust jeder Kontrolle. Mit 17 hältst du das aus. Mit zwanzig wird es schwierig und mit dreißig überfordert dich das. Jetzt, mit siebzig, würde es mich erst recht überfordern. Nur wenn du sehr jung bist, hältst du es aus und nimmst etwas davon für dich mit.

Die Erkenntnis zum Beispiel, dass es, wenn es darauf ankommt, wirklich nur dich gibt. Dass es von dir ganz allein abhängt, ob du wieder auftauchst, als ungefähr der Mensch, der du vor ein paar Stunden noch warst, oder ob du dem Wahnsinn verfällst. Dass es niemanden gibt, der dir dabei helfen kann. Diese Erkenntnis kann auf einem LSD-Trip fundamental sein. Sie kann universell sein.

Doch der Tag, an dem ich Schluss damit machte, kam, als ich es mir einfach nicht mehr leisten konnte. Es ging nicht ums Geld. Die Zeiten, in denen ich anonym im Nachtleben unterwegs sein konnte, waren vorbei. Viele erkannten mich und beobachteten mich. Sprachen mich an. Auf LSD willst du nicht von Menschen, die dich aus dem Fernsehen kennen, gefragt werden, wie es ist, ein Rockstar zu sein. Und sie wollen deine Antwort nicht hören. Sie wären wahrscheinlich verstört.

Die Sache mit dem LSD musste aufhören. Das zog ich durch. Bloß ein einziges Mal, Jahre später, erlag ich noch einmal meiner Neugier. Dabei machte ich einen Fehler. Die Umgebung war mir fremd. Sie sollte dir vertraut sein, damit du dich entspannen kannst. Ich geriet in Panik. Ich wollte nur noch raus aus dieser Wohnung. Das ist nicht so einfach, wenn sich dein Körper gerade in einer anderen Dimension bewegt als dein Geist.

Irgendwie fand ich die vertraute Umgebung meines Autos. Ich fuhr sogar los. Ich konnte eine Ampel nicht von einem Stern am Nachthimmel unterscheiden. Alles war grell, bunt und verschwommen. Immerhin hatte mein Fluchtinstinkt so viel Adrenalin in meinem Körper freigesetzt, dass ich es bis nach Hause schaffte. Nie wieder, dachte ich nach diesem Horrortrip. Nie wieder so die Kontrolle verlieren. Diesmal hielt ich mich daran. Es war tatsächlich mein letzter LSD-Trip.

Was nicht das Ende meiner Drogenerfahrungen bedeutete. Die nächsten richtig intensiven machte ich gemeinsam mit meiner New Yorker Freundin Beth. Mit Beth, die damals in ihrer Wohnung in der Upper East Side einige Überraschungen für mich bereithielt, die ich noch nicht erwähnt habe.

KOKAIN

»You want?«, fragte der Schwarze und zwinkerte mir zu. Er saß vor einem Glastisch und schob weißes Pulver zu einem Häufchen zusammen.

Es war das Jahr 1973 und ich war zu der Zeit in Deutschland auf Promotion-Tour. *Bellaphon* hatte mich mit meinem Album *Eigenheiten* losgeschickt, um meinen Sound jenseits der österreichischen Grenzen bekannt zu machen.

»What's this?«, fragte ich zurück und merkte an dem darauffolgenden allgemeinen Gelächter, dass ich mich gerade zum Trottel gemacht hatte. Was zum Teufel war dieses Pulver, das wie Staubzucker aussah? Bis zu diesem Zeitpunkt beschränkten sich meine Drogen-Erfahrungen auf die Hippie-Klassiker LSD, Marihuana und Haschisch.

Die Tour, die zu diesem Zeitpunkt so gut wie hinter mir lag, war anstrengend gewesen. Ein Mitarbeiter von *Bellaphon*, ein Deutscher, hatte mich herumgefahren und darauf geachtet, dass wir den straffen Zeitplan einhielten. Täglich PR-Zirkus. Täglich Radiointerviews. Kleine Auftritte bei Fernsehsendern und Treffen mit Journalisten. Business statt Rock'n'Roll. Ich war erfreut gewesen, als der *Bellaphon*-Mann am vorletzten Abend etwas von einer Party gesagt hatte.

Wir waren in sein Auto gestiegen und aus dem Frankfurter Zentrum, vorbei am ebenso ausgedehnten wie nichtssagenden Messegelände, hinaus in den Speckgürtel der Stadt gefahren. Es war schon stockdunkel, als wir vor einem Wohnblock parkten. Oben im Dachgeschoss lag seine Wohnung, ein weitläufiges Loft mit Wänden aus Glas. Die sahen von außen aus wie in die Nacht leuchtende Schaufenster voller Frauen mit langen Beinen.

Als wir die Wohnung betraten, saß mitten unter den Frauen dieser Schwarze. An dem Glastisch, mit den weißen Pulverhäufchen vor sich, wirkte er freundlich und friedlich. Wie ein Kind, das mit besonders feinem Sand spielt. Er bohrte seinen Finger in das Zeug und rieb es sich ins Zahnfleisch. »It's cocaine, man! Makes you feel fantastic!«, sagte er. Wie zur Demonstration schob er sich einen straff gerollten Hundert-Dollar-Schein in die Nase, beugte sich vor und zog sich das Koks routiniert und laut schniefend ganz nach oben in die Atemwege.

Dann reichte er mir die Dollar-Rolle. Während mir der *Bellaphon*-Mann zuraunte, dass der Schwarze Ike Turner sei, nur für den Fall, dass ich ihn nicht erkannt hätte, machte ich es ihm nach und fühlte mich ziemlich schnell tatsächlich ziemlich fantastisch. Ich landete mit einer sexy Cindy in einem der unzähligen Zimmer des Lofts. Sie war eine Hure, wie alle anwesenden Frauen. Aber statt dass es heiß hergegangen wäre zwischen uns, lief mein Mundwerk heiß. Das Kokain hatte mich nicht nur mit einem eiskalten Schlag hellwach gemacht, es hatte auch meine Zunge gelöst.

Cindy hörte sich geduldig an, wie schön es in Wien ist und was ich in meinem Leben noch so alles vorhabe. Ich redete und redete wie ein Irrer, bis ich sah, dass Cindy eingeschlafen war.

Kokain blieb für mich noch eine Weile ein seltenes Vergnügen, um es einmal so auszudrücken. Das ändert sich erst nach meiner Abreise in die USA. Da stellte sich heraus, dass Beth bei der Drogenfahndung arbeitete. Sie war kein Cop, sondern anscheinend eine Art Sekretärin, aber damals nahmen sie es offenbar nicht so genau damit. Weil sie hübsch und schlau war, eignete sie sich als verdeckte Ermittlerin. Schlicht als Lockvogel. Sie ging Koks-Shoppen und wer ihr etwas verkaufte, bekam ein Problem.

Beth fand allerdings, dass sie noch ein bisschen schlauer sein könnte. Sie begnügte sich nicht damit, den Dealern das Kokain abzunehmen und es in den Lagern des *NYPD* wegzusperren. Sie behielt einen Teil davon für sich. Haufenweise brachte sie es nach Hause und dort wartete ich.

In den USA dominierte der Stoff längst die Szene. Harmloses Gras interessierte niemanden mehr. Während sich meine Freundin als Lockvogel betätigte, versuchte ich mehrmals, in unserer Nachbarschaft in der Upper East Side welches aufzutreiben. Keine Chance. Alles drehte sich nur um das Kokain.

»Schau, das habe ich uns als Vorspeise mitgebracht«, sagte Beth, wenn sie vom Dienst heimkam, dann zum Beispiel und schnippte ein paar Gramm Kokain auf den Tisch. Das waren meist ein paar kleine Briefchen. Wir zogen uns immer etwas davon rein und kamen dann meist direkt zur Nachspeise im Bett. In diesen Wochen aßen wir wenig. Beth stöckelte morgens brav zur Arbeit, kam abends mit Nachschub heim und wir feierten die ganze Nacht wie die Wilden.

Ich verließ währenddessen Manhattan kaum. Zweimal war ich in Brooklyn und einmal in Queens. Das war alles. Ich spazierte die Straßen und Avenues hinauf und hinunter und trieb mich in der 49. Straße herum, wo die Musikgeschäfte waren. Dort kaufte ich mir meine erste Martin. Die legendäre D-45. Was für ein Upgrade für mich als Musiker.

Als wir die erwähnte Reise in den Süden planten, war bald klar, warum Beth unbegrenzt Zeit hatte. Sie hatte es mit ihrem Schlausein endgültig übertrieben. Sie hatten sie erwischt und das war's dann gewesen mit ihrem Job. Egal. Sie gab ihre Wohnung auf, weil sie meinte, dass sie hier in der Gegend ohnedies leicht eine neue finden würde. In der Upper East Side wohlgemerkt. Heute ist das unvorstellbar. *The Times They Are A-Changin'.*

Wir packten ein Zelt, das ich noch gekauft hatte, und unser restliches Zeug in einen Toyota Corolla. Den hatten wir von einer Agentur, die Autoüberstellungen organisierte. Beide zahlten, die Eigentümer der Autos und die, die sie überstellten, aber es war eine günstige Art zu reisen. Den Toyota wollte wegen seines Schaltgetriebes niemand haben, weshalb er monatelang herumgestanden war. Die Amerikaner fuhren schon damals nur Automatikgetriebe. Der Typ von der Agentur war offensichtlich erleichtert, die für amerikanische Verhältnisse auch noch winzig kleine Kiste endlich loszuwerden, und die Eigentümerin, eine Frau aus Los Angeles, ließ uns alle Zeit der Welt, um mit dem Auto bei ihr anzukommen.

Auch Beth verweigerte die Gangschaltung, weshalb ich die ganze Zeit am Steuer saß. Wir durchquerten den gesamten Mittleren Westen und dann weiter über Texas, New Mexiko und Arizona nach Kalifornien. Wir schliefen mal hier und mal dort. Alles war interessant für mich, schließlich sah ich Amerika und einige meiner Sehnsuchtsorte zum ersten Mal.

Beth hatte keine Erfahrung im Campen. Sie hatte noch nie in einem Zelt geschlafen, geschweige denn eines aufgebaut. Sie hatte auch noch nie in ihrem Leben eine Luftmatratze aufgepumpt. Ich musste ihr jede Kleinigkeit zeigen. Immerhin war sie lernwillig.

In Los Angeles war die Besitzerin des Toyota außer sich vor Freude. »My beautiful little car!«, rief sie schrill. Die perfekt gestylte amerikanische Hausfrau lud uns zu Kaffee und Kuchen ein. Dinge, die du nur erlebst, wenn du selbstständig unterwegs bist und dich für das Land und seine Menschen interessierst. Das ist zwar anstrengend, aber es zahlt sich aus. Das lernte ich auf dieser Reise, die trotz allem, das uns der Rausch noch bescherte, zu einer der schönsten meines Lebens werden sollte.

Nachdem wir den *Walk of Fame*, den *Sunset Boulevard* und den noblen Stadtteil *Bel-Air* an den Ausläufern der Santa Monica Mountains gesehen und uns davon überzeugt hatten, dass Los Angeles ansonsten anonym und kalt war, wollten wir weiter. Mit einem Leihwagen fuhren wir nach San Francisco, die Welthauptstadt der Hippies, und dann weiter nach Süden. Nach einigen Runden an den einarmigen Banditen von Las Vegas und einer Tour durch die Lokale der Stadt brachen wir endgültig nach Mexiko auf. Damals war es noch möglich, mit einem Leihwagen die mexikanische Grenze zu überqueren, heute ginge das nicht mehr. Wir fuhren, fuhren, fuhren. Bis nach Mazatlán, einem Ort mit einem atemberaubenden Strand an der Westküste, schräg gegenüber der Landzunge Baja California.

Wir parkten unser Auto im Schatten der Palmen, bauten unser Zelt auf und kauften uns zum ersten Mal seit langem Marihuana. Anders als im verkoksten New York war es hier leicht zu bekommen. Das mexikanische Gras war preiswert und stark. Nach einem einzigen Joint ließ uns das darin enthaltene Tetrahydrocannabinol, kurz THC, tief schlafen. Jener Stoff, dem ich den Song *Du schwoaza Afghane* widmete.

Du schwoaza Afghane
Kumm spüh ma wos vua
I bin so allane
A Gramm wa scho g'nua
Du grün's Marokkanderl
Kumm schleich di ins Hirn
Und gib ma dei Handerl
I wü mi valiern
...

Uns am Strand von Mazatlán dem THC auszuliefern, erwies sich allerdings als schwerer Fehler. Denn am nächsten Morgen war alles weg. Unsere Kleidung. Unser Geld. Und noch schlimmer: Auch meine Martin war spurlos verschwunden.

Mit dem THC vom Vorabend noch im Blut sah ich mich um. Der Strand hatte sich gegenüber meiner Wahrnehmung von gestern verändert. In der Nähe sah ich jetzt die Bretterbuden und Fahrgeschäfte eines Volksfests. Zeit, hier zu verschwinden.

Bloß wohin sollten wir, mitten in Mexiko, ohne Geld, Gepäck und Plan? Das Ganze war wie ein seltsamer LSD-Trip. Jetzt nur nicht verkrampfen. Immerhin hatten wir noch unsere Ausweise. Die Diebe hatten das Auto aufgebrochen, aber es war noch da und das Zelt hatten wir auch noch.

Im bunten Getümmel des Volksfestes entdeckte ich einen Polizisten. Einen großgewachsenen, bulligen Mexikaner, der auf mich heruntersah, als ich ihn ansprach. »Wir wurden ausgeraubt«, sagte ich auf Englisch zu ihm. Ich zeigte auf unser Auto, das am Ende der Bucht stand. »Wir haben dort gecampt.«

Er musterte mich finster. »You mustn't camp here.«

Ich erklärte ihm trotzdem alles lang und breit und erzählte ihm, was uns fehlte. Bloß die Sache mit dem Gras ließ ich aus. Das konnte er sich denken. Ich drückte auf die Tränendrüse und erklärte ihm, dass die Gitarre mein Ein und Alles war und dass ich ohne sie nicht leben konnte. Ich fragte ihn, ob er die Diebe verfolgen könne.

Vielleicht stand er auf Gitarren, vielleicht war ich ihm sympathisch oder vielleicht gefiel ihm Beth. Jedenfalls zeigte er jetzt seine freundliche Seite. »Of course«, sagte er. »Let's see.«

Er winkte ein paar seiner Kumpels herbei und dann gingen wir alle zu der Stelle, an der unser inzwischen im Wagen verstautes Zelt gestanden war. Im sandigen Boden waren Fußspuren zu sehen. Sie führten zum Meer. »Die müssen mit dem Boot gekommen sein, das Auto aufgebrochen haben und unser Geld und alles andere mitgenommen haben«, sagte ich.

Wir folgten den Spuren den Strand entlang. Sie waren noch lange zu sehen, aber die Flut kam und das Wasser stieg höher und höher, bis sie weg waren. »Und jetzt?«, fragte ich den Polizisten.

»Wenn die Gitarre noch irgendwo ist, finden wir sie«, meinte er. »Bleibt hier und wartet.«

Also bauten wir unser Zelt an der gleichen Stelle wieder auf, was sollten wir auch anderes tun. Jetzt war es ihm aber offenbar egal.

Am nächsten Tag gingen Beth und ich zur Wache. So nüchtern wie auf dem Weg dorthin hatten wir uns schon lange nicht mehr gefühlt. Viel Hoffnung hatten wir allerdings nicht. Tatsächlich fehlte von der Gitarre, unserem Geld und allem anderen jede Spur.

»Was machen wir jetzt?«, fragte ich den Polizisten. »Wir haben nichts mehr.«

Er holte einen dicken Packen Pesos aus der Tasche und drückte mir einen Teil davon in die Hand. »That should do for the moment«, sagte er. Das sollte vorerst reichen.

Das tat es auch. Vermutlich hatte er das Geld irgendeinem Dealer abgenommen, die es dort überall gab. Oder es war Schmiergeld. Er meinte jedenfalls, wir sollten noch einige Tage bleiben. Was wir taten, schon weil er uns immer wieder Geld zusteckte. Aus irgendeinem Grund schien er einen Narren an uns gefressen zu haben. Zum Glück wusste er nicht, dass Beth ein gefeuerter Lockvogel war. Ein gefallener Engel. Und dass wir einen Teil seines Geldes für Gras ausgaben, das war ihm sicher klar.

Schließlich fuhren wir zurück nach Los Angeles, wo ich mir via *Western Union* Geld aus Österreich schicken ließ. Alles hätte weitergehen können. Doch die Luft war raus. Mit Auftritten hatte es nicht geklappt und nur Sex und Drogen reichen auf Dauer nicht für ein Leben. Ich begleitete Beth von Los Angeles aus nicht einmal mehr zurück nach New York, sondern buchte einen Flug nach Wien. Wir verabschiedeten uns und sahen uns nie wieder.

So kam es zu der Nacht, in der ich in einem leeren dunklen Haus in Inzersdorf den Lichtschalter nicht fand, zu den beiden inzwischen längst gefällten Fichten hinausstarrte und die Inspiration für den Song *Wie wird des weitergehn* hatte. Was für eine Zukunft erwartete mich?

Eine, in der das weiße Pulver weiterhin eine Rolle spielte. Denn neben meinen aufregenden Erinnerungen an Beth hatte ich als Souvenir einen kleinen Vorrat davon mit nach Wien gebracht. Das Risiko beim Grenzübertritt war mir nicht richtig bewusst gewesen, schon weil ich vor dem Einchecken noch etwas davon geschnupft hatte. Die Kontrollen waren mit den heutigen nicht vergleichbar.

Jedenfalls hatte Inzersdorf in mir jetzt so eine Art Koks-Botschafter. Ich beglückte meine beiden Mitbewohner und die anderen Freunde, die mit uns in dem Haus Partys feierten, mit der neuen aufregenden Droge aus den USA. Bald stellten wir fest, dass das Zeug auch schon in Wien kursierte, allerdings schwer zu haben war.

Für mich war Kokain nicht nur eine Partydroge. Wenn wir in Petraki waren und herrliche Tage genossen, ging ich zu Mittag hinauf in eines der oberen Zimmer unseres Hauses, in dem ich arbeiten konnte. Um die Zeit war nichts als das Rauschen des Meeres zu hören, denn alle anderen schliefen. Das Sonnenlicht fiel nur gedämpft herein und ich war wie in einer anderen Welt, umgeben von der vertrauten, aber losgelöst von ihr. Dort schrieb ich Songs. Das Kokain steigerte meine Konzentration. Einige meiner besten Songs entstanden so.

Ich hatte das Glück, dass ich Sänger war und dass mir die Musik immer am wichtigsten war. Dadurch konnte mein Kokainkonsum nie ausarten wie bei anderen. Denn Kokain macht auch etwas mit deinen Stimmbändern. Nichts Gutes. Ich konnte unter dem Einfluss des weißen Pulvers nicht singen. Für mich war es weder vor noch während Konzerten je ein Thema. Schließlich hörte ich ganz damit auf.

Als sich die schicke Gesellschaft Kokain mit ähnlicher Selbstverständlichkeit reinzog wie Champagner, wurde es mir suspekt. Als es verfügbarer wurde, weil die Drogenindustrie wuchs. Als es Konsumgut wurde. Als ich sah, was es überall anrichtete. Als die Drogen ihr Mysterium verloren, wollte ich nichts mehr mit ihnen zu tun haben.

Ich zog mich insgesamt mehr zurück. Dieses Immer-bei-allem-dabei-sein-Müssen, dieses Partyleben, strengt dich mit der Zeit an. Die große Ernüchterung kam Mitte der 1990er-Jahre mit der Midlife-Crisis. Du bist auf einmal vierzig. Du merkst, dass du älter wirst. Mir setzte das zu. Ich merkte immer deutlicher, wie dieses Leben an mir zehrte.

Später entschloss ich mich, ganz nach Tirol zu ziehen. Die Entscheidung traf ich einsam und rigoros. Ich ließ das Haus umbauen und es wurde ein Versteck für mich. Es hielt mich fern von dieser zehrenden Welt in Wien. Heute kann ich mir nicht mehr vorstellen, mich in Wien zu bewegen wie damals. Es ginge gar nicht mehr.

Es ist einfach so, dass ich in bestimmten Phasen meines Lebens Drogen nahm. Ich stehe dazu. Heute ist das anders, aber in den 1970er-Jahren waren Drogen die Art von Sünden, die eine Jugend erst zu einer in ihrer Zeit machten. Ich war vielleicht nur ein bisschen lange jung. Ich ließ das Leben vielleicht nur ein bisschen lang an mir zehren. Vielleicht liegt darin meine Schuld.

Sex

I want to take you home, yeah
I won't do you no harm, no
You've got to be all mine, all mine
Ooh, foxy lady

Jimi Hendrix 1967
in seinem Song Foxy Lady

Ende der 1980er-Jahre, mitten in der Nacht auf einem Campingplatz in Alabama. Ein Gewitter von einem Ausmaß, wie wir es aus Europa nicht kannten, ging nieder. Ein Wolkenbruch, der Angst machen konnte. Taghelle Blitze, krachender Donner. Draußen schien die Welt unterzugehen, doch wir lagen in der Schlafecke unseres Wohnmobils beieinander und nichts konnte uns etwas anhaben.

Gerade war mein Album *No. 13* mit Songs wie *Langsam wochs' ma z'amm* erschienen. Der Text fängt so an:

Wir lachn viel
Wir streitn oft
Wir fliegn übers Meer
Wir wissn haargenau
Wann's gnua is
Doch immer wolln ma mehr
Wir san uns manchmal völlig fremd

Doch froh, dass wir uns habn
Wir habn uns und wir habn uns gern –
Und langsam wochs ma zamm!
Wir sehn uns oft zwa Monat net
Das is halt so, das ghört dazu
Doch wir riskiern nix
Wir prüfen uns täglich
Wir lassn uns ka Ruh
Manchmal treibn ma's furchtbar wild
Doch meistens ganz normal
Und manchmal san ma direkt fromm –
Manchmal san ma unausstehlich –
Und langsam wochs ma zamm!
…

Es war meine bis dahin beruflich erfolgreichste Phase. Doch mein Sohn Matthias näherte sich dem Volksschulalter und es war klar, dass wir künftig nicht mehr für längere Zeit alle gemeinsam übers Meer fliegen würden. Deshalb nahm ich mir trotz des Murrens meiner Plattenfirma ein halbes Jahr frei. Ich wollte noch einmal rund um die Welt mit meiner Familie und in den USA starten. Vor allem zog es mich in die Südstaaten, die du als Musiker einfach gesehen haben musstest. Die ganze Reise war eine große Sache. Denn es war noch nicht die Zeit, in der du schnell einmal für drei Tage nach Florida fliegst. Unser Wohnmobil war perfekt für uns. Nachdem ich herausgefunden hatte, was es alles konnte, war ich ziemlich stolz darauf.

Wir fuhren in Miami nach Key West und von dort wieder zurück die Westküste entlang. Wir durchquerten die Everglades zu einem Zeitpunkt, zu dem sie die Rentner mit den riesigen Campern, in denen sie das ganze Jahr wohnten, bereits verlassen hatten, und fanden rasch heraus, warum. Die Moskitos waren entsetzlich groß und es gab unvorstellbar viele davon, ein Albtraum.

Wir fuhren bis nach Tampa und von dort über die Grenze nach Alabama und weiter nach Los Angeles. Dort brachte ich Margit und Matthias in einem Hotel am Venice Beach unter, vergewisserte mich, dass sie sicher waren, und flog für zwei gut bezahlte Auftritte nach Europa. Das war ich meiner Band schuldig. Als ich wieder zurück war, flogen wir nach Tahiti und Bora Bora und fanden schließlich unter den 300 Inseln von Fidschi eine mit feinstem weißem Sand und herrlichen Korallenriffen.

Matthias fand schnell einen Freund, den Sohn des Vermieters unseres Hauses. Die beiden sahen einander an, rannten davon und blieben stundenlang verschwunden. Wie das bei Kindern eben so ist. Margit und ich schnorchelten. Ich wollte nie wieder weg von dort. Wir verschoben die ganze weitere Reise um zwei Wochen. Heute wäre das kaum denkbar, aber damals ging auch das noch.

Wir hatten einen ungefähren Plan, den ein Freund von einem Reisebüro für uns zusammengestellt hatte. Als Nächstes stand Australien auf diesem Plan. Dort führten wir uns auf wie typische Touristen. Wir flogen von Sydney zuerst zum Ayers Rock. Dort nahmen wir uns ein Auto und sahen uns zwei Tage lang alles an. Das Spektakel ist der Sonnenuntergang, bei dem der Berg zu glühen beginnt. Touristen sitzen abends auf Tribünen in der Wüste und sehen es sich an wie ein Skirennen. Wir wanderten oben auf dem Ayers Rock herum, bis uns die Scheriffs vertrieben, wir als Letzte hinunterkamen und den Sonnenuntergang verpassten. Dafür fuhr ich am nächsten Morgen um vier Uhr in die Wüste auf der anderen Seite und sah mir den Sonnenaufgang an. Der ist nicht ganz so großartig wie der Untergang, aber auch schön.

»Wie ist Australien?«, fragte ich Matthias.

»Rot«, sagte er, und er hatte recht. Alles war rot. Der Ayers Rock, der aussah, als hätte ihn eine riesige Faust aus dem Outer Space dorthin geknallt, und die sogenannten Olgas, kleine Canyons, die aus dem gleichen Material wie der Berg bestehen.

Von dort flogen wir nach Darwin ins Northern Territory, wo wir mehr als eine Woche blieben. Ich erinnere mich an einen Sumpfteich mit Krokodilen im Morgennebel, wo ich zwischen hohen Gräsern hindurch riesige und ganz kleine Känguruhs herumhoppeln und etwas fressen sah. Das war überirdisch.

Danach gingen wir in Neuseeland Schifahren. Wir zogen einfach alles an, das wir an Kleidern mithatten. So fuhren wir die Pisten eines fast 3.000 Meter hohen Vulkans hinunter. Die Seilbahn kam aus Österreich, der Skiverleiher war auch ein Österreicher und hatte österreichische Marken wie Atomic im Sortiment.

Als nächstes sahen wir uns die neuseeländischen Geysire und Farne an und verstanden, warum sie dort so gerne Science-Fiction-Filme drehten.

Asien ließen wir bis auf einen Stop Over am Heimflug in Singapur aus. Dorthin würden wir ein anderes Mal reisen, beschlossen wir. Am Wiener Flughafen erwarteten uns schließlich meine Eltern, aber ich hatte telefoniert und noch ein letztes Ticket gebucht. Einen Hin- und Rückflug nach Griechenland, damit sich alles rund anfühlte. Meine Eltern waren nur gekommen, um uns unsere Koffer mit den getragenen Sachen abzunehmen und einen neuen mit frischen Sachen zu bringen. In Griechenland brauchten wir nicht viel.

Ich war immer ein Familienmensch und wir waren als Familie, das kann ich sagen, glücklich. Doch es gab auch diese zweite Seite von mir. Diesen Jagdinstinkt. Du kannst ihm widerstehen. Vielleicht hätte ich das tun sollen, wer weiß. Vielleicht hätte ich es gekonnt. Es gibt Männer, denen das leichter fällt als anderen. Es gibt auch im Musikgeschäft welche, die es schaffen.

Bon Jovi zum Beispiel. Er ist ein guter Mensch. Ich bin ihm einmal begegnet. Er scheint frei von allem Triebhaften zu sein. Selbst in seinen wilden Jahren, die auch er hatte, war er seiner High-School-Liebe treu. Dorothea Rose Hurley. Sie haben vier Kinder miteinander. Es gibt so etwas wie unverbrüchliche Liebe. Die hat Bon Jovi gefunden. Ich nicht.

Wenn du deine Vision von einem Rockstar mit 16 entwickelst, sind deine Vorbilder nicht Männer wie Bon Jovi. Für mich war ein Rockstar immer ein Typ, der von Konzert zu Konzert reist und dem dabei das Publikum zujubelt und die Frauen zufliegen. Diese Vision war nicht von bösem Willen getrieben. Ich dachte einfach, so müsse es sein.

Rockstar ist ein großes Wort und vielleicht versteht jeder etwas anderes darunter. Inwieweit ich einer geworden bin, sei dahingestellt. Ich war jedenfalls immer zufrieden mit dem, was ich als Musiker erreicht habe. Ich reiste oft monatelang von Konzert zu Konzert, und, wie soll ich sagen, so arg, wie alle glauben, ist das mit den Frauen dabei auch wirklich.

Dabei fing alles harmlos an. Als ich nach meinen Abstürzen im Bildungssystem in die Hauptschule von Pressbaum kam, war ich der Neue, obwohl ich aus der Gegend war. Damit zog ich Aufmerksamkeit auf mich. Auch die der blonden Evi, die ich nie vergessen habe. Auch nicht, als ich längst erfolgreich Songs schrieb. In einem erzählte ich unsere Geschichte.

Erste große Liebe

Mit vierzehn Jahr war's wieder einmal klar,
es fangt jetzt ganz was Neues an.
A neue Schul' und a neue Umgebung
und alles so fremd, wie's nur sein kann.
I war nie bei den Guten, i war ned amal mittel,
i war immer bei die G'fraster,
beinahe jedes Jahr in einer andern Schul'
und immer wieder dasselbe Desaster.
Uh, a Neuer in der Klass', und a jeder fragt:
»Wer is des und wie haßt der?
Wos is des fia ana, wo kummt der her,
wos kann der und wos waß der?«

I bin ang'nagelt g'sess'n auf meiner Bank,
i hab' mi ned amal umschau'n 'traut.
Aber dann hab i di g'seh'n und du hast mi an'gschaut,
wir waren uns augenblicklich vertraut!

Du warst mei erste große Liebe,
i hab' ned g'wußt, was da passiert mit mir,
i hab' den ganzen Tag nur an di 'dacht
und in der Nacht hab' i träumt von dir.
Du warst mei erste große Liebe,
i hab' nimmer g'wußt, was i tu oder red',
und wir waren beide völlig ahnungslos,
doch miteinander san ma d'rauf'kommen
wie's geht.

Zuerst war wochenlang nur Blickkontakt,
wir hab'n uns nur zufällig 'troffen.
A endlose Zeit von Unsicherheit,
zwischen Warten, Verzweifeln und Hoffen.
Doch dann, durch a glücklich Fügung,
war ma alleine für a Weil,
auf der Fahrt zum Schikurs, von Wien nach Salzburg,
in an Zugabteil.

Und da hab'n ma plötzlich g'redt, und du hast ma erzählt
Von dein' Vater, der so streng is,
und i dir von meinen Misserfolgen,
und dass für mi schon ziemlich eng is.
Du hast zu mir g'sagt, die Schul' is ned
des Wichtigste im Leb'n,
und dann, am nächsten Tag am Lift,
hob'n ma uns des erste Busserl geb'n.

…

Naja, und bald war Frühling, und i bin erblüht
in an schönen, heißen Sommer.
I hab' sehr oft auf di g'wart' im Bad,
du bist ned immer kommen.
Aber wenn wir z'amm waren, dann war sowas
wie Magie dabei,
doch bald war wieder Herbst
und dann war's halt vorbei.

…

Evi nahm mir den Boden unter den Füßen weg. Ich interessierte mich nur noch für sie. Ich fand sie überirdisch schön. Nach Wochen und Monaten, in denen ich sie in der Klasse wie ein Depp angestarrt hatte, schaffte ich es endlich, sie anzusprechen. Tatsächlich auf einem Skikurs. Mein erstes zaghaftes Bussi. Ich wurde fast wahnsinnig.

Unsere Lehrer kriegten mit, was zwischen uns lief, und hielten uns getrennt voneinander Moralpredigten. So war es üblich. Uns war es egal. Zurück in Pressbaum fanden wir genug Gelegenheiten, uns unbemerkt zu treffen. Als Volksschuldirektor hatte mein Vater für uns eine Wohnung im Schulhaus bekommen. Das Lehrmittelzimmer eignete sich perfekt für heimliche Treffen. Im Frühling fanden wir einen Hochstand mitten im Wald. Allein mit ihr dort oben in den Baumwipfeln, das war das Paradies.

Als sie mich am Ende der Sommerferien mit ihren strahlend blauen Augen ansah und »Jetzt ist aber Schluss« sagte, entdeckte ich, dass Musik mich heilen kann. In der Nähe der Handelsakademie, in die ich mich nur wegen ihr eingeschrieben hatte, gab es ein dunkles Beisl namens *Palette.* Es öffnete um 10 Uhr und ich war aus Wut über mein Schicksal regelmäßig der erste Gast dort, statt im Klassenzimmer zu sitzen. Dort trank ich eine Cola und lauschte den hypnotischen Riffs des legendären Jimi Hendrix. Sie hatten dort *Hey Joe* in der Juke Box. Sie hatten zum Beispiel auch den Beatles-Song *We can work it out,* dessen Groove ich mochte, aber Hendrix machte mich richtig süchtig.

Are You Experienced.

So hieß das Debütalbum der *Jimi Hendrix Experience,* das am 12. Mai 1967 herauskam. Ich klaute sie im Kaufhaus Stafa in der Wiener Mariahilfer Straße. Ich schob es unter meinen weiten schwarzen Mantel, den ich auch noch auf den Fotos für meine ersten eigenen Plattencover trug. Dabei bebte alles in mir vor Aufregung, aber ich musste diese Platte damals einfach haben und leisten konnte ich sie mir nicht. Wenn ich dann zwischendurch daheim war und mein Vater das Haus verließ, benutzte ich seinen Plattenspieler. Der erste Track darauf war *Foxy Lady.*

You know, you're a cute little heartbreaker
Foxy, yeah
And you know, you're a sweet little lovemaker
Foxy
I want to take you home, yeah
I won't do you no harm, no
You've got to be all mine, all mine
oh, foxy lady

Are You Experienced. Hast du Erfahrung? Hatte ich nicht. Mein Leben verschaffte mir aber viele Gelegenheiten, welche zu sammeln.

Heute kann ich den Menschen, der ich dann mit zwanzig oder dreißig war, nur noch wie durch ein Fernrohr betrachten. Da steht dieser Wolfgang Ambros von damals wie auf einem anderen Planeten, dem Rock-Planeten, den diese Ära hervorgebracht hat. Dass der Mensch im Fernrohr so anders ist als ich es heute bin, liegt nicht nur an den Veränderungen, die du über die Jahrzehnte machst. Es liegt auch daran, dass wir alle Kinder unserer Zeit sind. Das prägt uns stärker, als uns bewusst ist.

Diese Generation des Aufbruchs, der ich gerade noch angehöre, kam aus einer Zeit der verstaubten Moralvorstellungen und kämpfte auf allen Ebenen darum, sie zu durchbrechen. Wir mussten mit dem aufräumen, was unsere Großeltern und Eltern mitgebracht hatten, und Sexualität war eines der Mittel dazu. Vor uns gab es keine vergleichbare Generation, noch weniger nach uns. Alle, die nach uns kamen, haben von unserem Aufbruch profitiert.

Was wir alles erreicht haben, ist Legende. Ich weiß gar nicht, wo ich anfangen soll. Wir waren die Revolution. Die wahre, eindeutige und bis heute gültige. Dass es irgendwelche Viren gab, konnten wir damals noch nicht wissen. Wir hatten keine Ahnung von Aids. Wir fanden, Kondome waren kein Thema. Du hast einfach gefragt: Nimmst du die Pille? Aber wir haben die Welt verändert.

Wir waren es, die durchgesetzt haben, dass du leben kannst, wie du willst. Dass die Art, wie du bist, nicht mehr unter Strafe gestellt werden kann. Ob Schwule und Lesben heiraten dürfen, war uns egal. Uns war nur wichtig, dass alle Menschen gleich viel wert sind. Die Gender-Bewegung will es noch besonders gut richten. Ich weiß nicht, was ich dazu sagen soll. Sie wirkt manchmal durchgeknallt. Teilweise auch lächerlich. Dieses Beharren auf sprachliche Veränderungen, die sich außer in Politikeransprachen nie irgendwo durchsetzen werden. Wenn du auf so etwas bestehst, ist das auch ein Zeichen mangelnden Selbstbewusstseins. Junge Menschen sprechen anders, sie haben andere Vokabeln, aber das ist Unfug. Die freie Welt haben jedenfalls wir geschaffen. Jeder, der denken kann, sieht das.

Mit dem Zeitgeist hat sich auch die Bewertung unserer Art zu leben und zu lieben geändert. Damals hatten die meisten jungen Männer ähnliche Visionen wie ich. Das war einfach so. Die, die es schafften, waren die coolen. Heute kann niemand mehr mit einem wilden Lebensstil prahlen. Er ist eher ein Makel.

Mein Sohn Matthias, der Schlagzeuger wurde, ist schon ganz anders. Er kennt seine Freundin Kathi seit ihren Jugendtagen in Pressbaum, wo wir als Familie gelebt haben. »Matthias hat jetzt eine Freundin«, sagte meine Frau Margit, als er 16 war. Von da an war Kathi an seiner Seite.

Einmal, als sie 19 waren, flogen sie gemeinsam nach Afrika. Einen Leihwagen bekamen sie in dem Alter noch nicht, weshalb ich dafür sorgte. Sie sahen den Mount Kenia und die großen Seen und erlebten überhaupt viel, das sich andere in dem Alter noch nicht zutrauten. Matthias hat mit fünf die Welt bereist und fliegt heute noch nach Laos mit der gleichen Selbstverständlichkeit, mit der andere nach Gänserndorf fahren.

Würde meine Karriere heute beginnen, würde ich vielleicht auch anders leben. Doch meine Zeit hat mich eben auf ihre Weise geprägt. Sie gab mir mit, dass Sexualität auch etwas Politisches sein kann und nie etwas Schlechtes ist. Ob jemand ein guter oder schlechter Mensch ist, hat für mich nach wie vor nichts mit der Art seiner Sexualität zu tun. Gut zu sein bedeutet für mich etwas anderes. Ein guter Mensch behandelt seine Mitmenschen gut. Er ist ehrlich und verlässlich. Er ist als Freund ein guter Freund und als Gegner fair. Solche Dinge eben.

Ein guter Mensch verletzt andere nicht. Das ist auch ein Punkt. Selbst wenn du verlässlich und ehrlich bist, kannst du andere verletzen, wenn du sexuell frei lebst. Deine Frau. Andere Frauen.

Es hat etwas mit dem Enttäuschen von Erwartungen zu tun, die du vielleicht nie geweckt hast, die aber trotzdem existieren. Als Folge der alten Moralvorstellungen standen sie damals noch immer im Raum. Denn der Geist der Flowerpower-Bewegung schwebte zwar auch über Mitteleuropa und über Wien, aber seien wir ehrlich: In den 1970er-Jahren bestand die Gesellschaft hier nach wie vor hauptsächlich aus Spießern und versprengten Nazis.

Wir, die progressive Jugend, lebten auf so etwas wie einem Meteoriten des Rock-Planeten. Wir waren schon damals, als Joesi Prokopetz und ich noch beim Theseustempel spielten, im *Voom Voom* und in der *Camera* unterwegs, wo Männer freie Auswahl bei den Frauen hatten und umgekehrt. Ich war neugierig. Ich war recht attraktiv.

Der Pächter des *Voom Voom* hieß Edgar. Er saß vorne in seinem Kobel. Wir waren weit entfernt von 18, dem erforderlichen Mindestalter. Wenn er einen guten Tag hatte, winkte er uns trotzdem durch. Wenn er einen schlechten hatte, schickte er uns weg. Dann hatten wir noch eine zweite Chance in Gestalt des DJs. Alle nannten ihn Lipperl. Manchmal lotste uns Lipperl durch eine Tür gleich neben dem Kobel hinein. Edgar tat dann so, als würde er es nicht sehen. Drinnen gab es diese Ecken, in denen alle zugange waren. Niemanden störte es.

Joesi und ich waren immer im Team unterwegs. Wir saßen in den gleichen Beiseln, tanzten in den gleichen Diskotheken und schliefen mit den gleichen Frauen. Meistens direkt vor Ort und manchmal gleichzeitig. Eine dieser Frauen, Sylvia, habe ich in meinem Song *Voom Voom Vanilla Camera* verewigt. Ein paar Zeilen davon standen schon im Kapitel Drogen, hier noch einmal der ganze Text.

Vergessen werd i ka Sekunde.
Jeder Moment ist eingebrannt.
Desselbe Gefühl, dieselbe Runde,
doch täglich neu aus erster Hand.
Die Energie woa ohne Ende,
a schene Stund woa wie a Tog.
Woa's wirklich so, wie is heut empfinde?
Des is wos i mi manchmoi frog.
A klaner Anlaß konnt bewirken,

daß i herumtapp, taub und blind
und mi so ganz woanders suach
ois i mi letztlich wiederfind.
Voom Voom Vanilla Camera
Theseustempel, Hawelka.
Was wir gewußt haben
wollt ma laut verkünden
wir warn nur geil uns zu beweg'n.
Unsere Zeit war da um stattzufinden,
zum Handeln, ned zum Überlegen.
An jedem Tag gewinnt ma zwar
a klanes Bissl mehr Verstand,
und trotzdem nimmt dann immer wieder
dieses Bedürfnis überhand:
»Vergiß jetzt amoi olles,
loß di falln und loß di geh'n ...
Irgendwie geht es auf jeden Fall aus,
des hob ma oft und oft scho g'sehn!«
Voom Voom Vanilla Camera
Theseustempel, Hawelka.
Naja, ma geht amoi zum Templ
und ma trifft die Leut
es wird herumgeklampft.
Ma sitzt so auf die Stufen
und noch kurzer Zeit
wird bereits da Erste 'dampft.
Um fünfe, hoiba sechse
schlendert ma ins Hawelka
Vielleicht no auf an Sprung in Esterhazykeller

auf a Achterl oder zwa.
Der ane spielt an Dichter,
der andre spielt an Maler,
der Dritte spielt an Musika.
Die Jeunesse d'orré ergeht sich im Palaver
Über Brecht, Camus und Kafka.
Sie reden dumm herum vü
die Lumpi und die Pumpi
die Putzi, die Madeleine und die Brigitte.
Dann sogt vielleicht die Kathi
do is heut no a Party - geh kommt's doch alle
und Du Wolfgang bring dei Gitarre mit!
Nachkriegsegoisten, unbekümmert, ohne Vorbehalt.
Den ganzen alten Dreck zertrümmert.
Wir werden niemals alt!
Das Leben neu erfunden,
die finster'n Ecken ausgeräumt,
a neues Weltbild uns gezimmert,
an neuen Traum geträumt.
Da Edgar loßt Di heut ned eine,
da Lipperl loßt Di hinten durch.
Spüt a Musik, a so a feine,
zum Tanzen ziagst da aus de Schuach.
Gibst a Performance die die aufbaut
und dann siehst Du sie an der Bar
und Du spürst, wie sie Dir zuschaut
und Du waßt, Du bist a Star.
Alle Sensoren san aktiviert,
doch Du zögerst bis zuletzt,

denn Du waßt ned, wos passiert,
wenn Du Dich jetzt neben sie setzt.
Voom Voom Vanilla Camera
Theseustempel, Hawelka.
Die höchste Weihe für an jeden -
wurd man in das Büro gebeten.
In jeder Eck'n Spinnen, Wanzen,
die Luft geschwängert von Substanzen,
und heiße Orgien am Klo
hinterm Büro und anderswo.
Die Sylvia, die Sylvia
woa damals immer für mich da.
Sylvia wo bist Du, wo?
Wahrscheinlich mit an andern
auf an andern Klo!
Es woa uns vollkommen egal,
wos des fia Konsequenzen hot.
A paar hobn's Beste daraus g'mocht,
viele san krank, a paar san tot.
Doch wir nach wie vor genial.
Wir spüren den Aufschlag vor dem Fall.
Wir hör'n die Stimmen aus dem All,
die Explosion schon vor dem Knall.
A klaner Anlaß kann bewirken,
daß i herumtapp taub und blind
und mi so ganz woanders suach
ois i mi letztlich wieder find.

To be continued!

Ich hoffe, Sylvia ist mir nicht böse, aber ich glaube nicht.

Mit meinem Erfolg, der phasenweise mein ganzes Leben zur Party machte, waren da immer mehr Frauen. Frauen aus der Musikszene. Groupies. Aber nicht nur sie. Damals war ich überall eingeladen.

Heute erlebt Sexualität ein Schicksal wie die Drogen. Sie wird zum Konsumprodukt. Wir, die Flowerpower-Generation, hatten sie von traditionellen Moralbegriffen befreit, aber nicht vom Respekt. Für mich hatte jede einzelne Begegnung ihren Wert und ich glaube, das beruhte meistens auf Gegenseitigkeit.

Die Frauen wussten, worauf sie sich einließen. Fragte eine, wie ich es mit der Treue hielt, sagte ich es ihr offen. Fragte eine nicht, ging ich davon aus, dass es sie nicht interessierte. Merkte ich, dass eine etwas erwartete, das ich nicht bieten konnte, beendete ich die Sache. Mit diesen Regeln war ich reinen Herzens. Vielleicht war das naiv. Vielleicht habe ich Herzen gebrochen, ohne es zu wollen und zu wissen.

Manchmal konfrontierte mich die Welt mit ihren eigenen Regeln. Zum Beispiel, als mich Margit verließ. Ich verstand es nicht. Was sind Episoden im Vergleich zu Liebe? Wer gibt deshalb eine Familie auf? Ein schönes Leben?

Ich bin jedenfalls nach wie vor ein Familienmensch. Gerade war Matthias mit Kathi und seinen beiden Töchtern für vier Tage bei uns in Tirol. Das sind Momente, die mich glücklich machen. Eine seiner Töchter ist schon vier. Wir gehen Rodeln am Hausberg. Sie ist auch beim Skifahren ein Talent. Die Arme halten, als würdest du etwas Schweres tragen. Die Knie nach vorne. Sie hat das sofort verstanden.

Die Kleinere ist, während dieses Buch entsteht, erst zwei Monate alt. Sie ist ein Wurm. Jeden Tag sieht sie anders aus. Jeden Tag passiert eine Menge in dem Alter. Sie grinst schon, aber alles ist eben noch sehr wurmartig an ihr. Interessant wird es, wenn sie zu krabbeln und sich aufzurichten beginnen.

In den dunklen Momenten stelle ich mir trotzdem eine Frage, auf die es auch nur die Antwort gibt, dass ich zu allem stehe, das ich getan habe. Sie lautet: Habe ich ein Herz zu viel gebrochen?

Rock'n'Roll

Du hast deine Band und dein Team. Ohne beides geht gar nichts. Aber am Ende ist es dein Ding, das auch nur du durchziehen kannst. Wenn du das nicht tust, gibt es bald auch keine Band und kein Team mehr.

Mein Gedächtnis funktioniert einwandfrei, aber in der Erinnerung verklärst du manches, manches wird auch schlimmer, als es eigentlich war, und nach einer Weile kann jeder über die gleiche Sache eine andere Geschichte erzählen. Manches, was einmal passiert ist, vergisst du auch komplett. Vieles sogar.

Manchmal sprechen mich Menschen auf Begebenheiten an, die mir vorkommen, als müsse sie jemand anderer erlebt haben. Frauen, die sich dreißig oder vierzig Jahre danach noch an Nächte erinnern, die ich vielleicht schon eine Woche später vergessen hatte. Männer, die sich dreißig oder vierzig Jahre danach noch an ein hartes Wort von mir erinnern, das ich vielleicht schon im nächsten Augenblick vergessen hatte.

Es kann passieren, dass ich in einem Gasthaus hier bei uns in Waidring in Ruhe ein kleines Bier trinke, und dann kommt so ein Mann auf mich zu und sagt etwas wie: »Erinnern Sie sich noch, Herr Ambros, an damals, als wir in Leoben die Bühne aufgebaut haben?« Dabei macht er ein Gesicht, als hätte er die vergangenen dreißig oder vierzig

Jahre auf Rache gesonnen, weil ich ihn damals übel angefahren bin. Ein Veranstalter oder jemand, der von einem kam. Ein Gschaftlhuber, wie es so heißt, ein Handyman, ein Runner, den man um etwas schicken kann, wenn irgendetwas nicht funktioniert, wenn ich zum Beispiel nicht höre, was ich spiele.

Manchmal passiert so etwas im Stress. Bei Festivals zum Beispiel. Da beträgt die Umbauzeit zwanzig Minuten, während denen das Publikum steht und wartet. Manche beginnen schon um 15 Uhr. Dann ist um zehn Uhr Soundcheck und da bist du besser dabei, sonst wird es noch enger.

Ich verstehe es, wenn Menschen sauer sind, nachdem ich auf eine bestimmte Art mit ihnen umgegangen bin. Sie können nicht wissen, was du erlebt hast und was dich so hart gemacht hat. Nicht jeder kennt deine Geschichte. Nicht jeder weiß, warum du bist, wie du bist. Manche nehmen dann persönlich, was nicht persönlich ist. An besonders Nachtragenden kann so etwas jahrzehntelang hängen bleiben.

Ich kann jedenfalls heute mit ein bisschen Abstand sagen: Es war nicht immer in Ordnung, wie ich mit anderen umgegangen bin. Aber wie jemand ist und wie er sich anderen gegenüber verhält, ergibt sich nicht nur aus seiner Genetik, das entsteht auch aus seiner Biografie. Und die ist bei mir eben nicht so glatt und sauber wie bei manchen braveren Bürgern.

Dann kommst du in eine Halle, in der du spielen wirst. Deine Musiker sagen dir, dass hier einiges nicht passt. Du willst aber für deine Fans eine perfekte Show abliefern. Dafür musst du auf hunderte Details achten. Da kommt dir jemand in die Quere, der für eines der Probleme verantwortlich ist oder von dem du das zumindest glaubst. Du achtest nicht auf seine Gefühle, während du ihm sagst, was du erwartest. Er hält dich danach für ein Arschloch.

Es gibt allerdings einen Unterschied zwischen Härte und Grobheit, der mir wichtig ist. Falco zum Beispiel war nicht hart, sondern grob. Außer er war nüchtern, was er allerdings selten war. Da war er der freundlichste und wortgewandteste Mensch, er war klug, vielleicht so klug, dass er es nicht aushielt. Er und ich, wir wurden nie Freunde, aber wir liefen einander auf diversen Festivals und anderen Events der Musikszene über den Weg. Deshalb kannte ich ihn ganz gut.

Einmal waren wir beide zu einer Sonderaufführung des Musicals *Cats* eingeladen. Es lief im Wiener *Raimund Theater.* Wir gingen gemeinsam hin, und weil die Aufführung so gut besucht war, hatten sie uns Karten ganz hinten auf der Bühne gegeben.

Falco hatte offenbar schon einiges getrunken und wer weiß was sonst noch alles konsumiert. Wir gingen gemeinsam hinein und es zog ihn in das erste Kellergeschoß, wo es eine Kantine für die Schauspieler gab. Falco trank dort weiter, ein Glas nach dem anderen.

Als wir auf der Bühne Platz genommen hatten, sprangen die Katzen unmittelbar vor uns herum. Ich sah zu und versuchte, der Story einigermaßen zu folgen. Ich war selbst nicht mehr ganz nüchtern. »Was für ein Scheißdreck!«, rief Falco da mit seiner prägnanten Stimme.

Ich wollte ihn beschwichtigen. »Bitte sei ruhig«, flüsterte ich.

Wenn du beruflich auf der Bühne stehst, solltest du anderen Menschen dort Respekt zollen, fand ich. Auch wenn dich nicht begeistert, was sie tun. Falco sah das anscheinend anders. »Siehst du nicht, was für ein Scheißdreck das ist?«, fragte er unvermindert laut.

»Dann geh doch raus«, sagte ich leise.

Jemand half mir, ihn aus dem Saal zu begleiten. Kaum war er draußen, wollte er wieder hinein.

So war er immer, wenn ich ihn traf. Richtig grob. Auch Menschen gegenüber, die ihm nichts getan hatten. Kokain macht nicht gerade empathischer und weichherziger, und wie viel er kokste, war kein Geheimnis.

Ich maße mir kein Urteil an. Auch nicht darüber, ob ihm mit seinem frühen Tod eine Art ausgleichende Gerechtigkeit widerfahren ist. Vielleicht hat ihn auch nicht das Leben gestraft. Vielleicht hat er sich selbst bestraft. Manches spricht dafür.

Er fuhr diesen Geländewagen, einen *Mitsubishi Pajero*. Wer ihn kannte, wusste, in was für einem unkontrollierten Zustand er unter Alkoholeinfluss war. Er hätte das Auto nie über die Landstraße bis zu dem Parkplatz fahren können, auf dem er vor seinem Unfall hielt. Von dort schoss er auf die Straße hinaus. Es kann russisches Roulette gewesen sein. Kommt einer? Kommt keiner? Der Busfahrer hatte jedenfalls keine Chance zu bremsen und ich kann kaum glauben, dass Falco das passierte, weil er nicht mehr wusste, was er tat.

Zu diesem Zeitpunkt kämpfte er mit allen Mitteln um ein Comeback. Er konnte nicht wissen, ob sein eben fertiggestelltes Album funktionieren würde. Bis auf vier neue

Songs waren alle Remixes. Die Zeichen standen für ihn nicht auf Erfolg.

Als er starb, lief das Album im CD-Player seines Autos. Angeblich stand er davor eine Stunde auf dem Parkplatz. Wahrscheinlich hörte er sich alles noch einmal genau an, obwohl er es bereits hunderte Male gehört haben muss. Vielleicht kam er dabei zu der gleichen Einsicht wie schon so viele vor ihm: *They never come back.*

Wie das Leben so spielt, wurde einer der vier Songs ein Hit. *Out of the Dark.* Alle kennen ihn. Falcos Produzent war allerdings der gleiche, der einige Wochen vorher mit der Girlband *Tic Tac Toe* einen sehr ähnlichen Song mit dem Titel *Warum?* herausgebracht hatte. Er handelte von einer, die sich einen goldenen Schuss setzt. *Und warum ... und warum ... und warum.* So ging der Refrain.

Falcos Song war eindeutig abgekupfert. Als ich ihn zum ersten Mal hörte, dachte ich nur: Das konnte er doch nicht machen. Er lief überall und alle sagten: Das ist der neue Falco. In Wahrheit war der Song eine gecoverte Version von *Warum?* Bloß den Text hatte er selbst geschrieben. Da ist auch Unschuld verloren gegangen. Es kam mir wie ein Plagiat vor. Ich bezweifle, dass Falco das überhaupt bewusst war. Vermutlich kam das Ganze von seinen Produzenten. Als er da auf dem Parkplatz stand, hat er vielleicht befürchtet, dass die Songs nicht funktionieren würden.

Ein paar Ursachen für meine eigene Härte habe ich schon genannt. Einen Teil davon hatte ich von meiner Mutter, die sie selbst als Kind einer Bauernfamilie im kargen Waldviertel mitgekriegt hatte. Einen Teil hatte ich vom frühen Bruch mit meinen Eltern, der mich zwang, als halbes Kind in einer fremden Welt zu bestehen. Einen Teil hatte ich von meinem vorübergehenden Absturz in die Armut, als ich manchmal nichts zu essen und keinen Platz zum Schlafen hatte. Einen Teil hatte ich von den Drogen, die in bestimmten Momenten auf bestimmte Weise den Überlebensinstinkt in dir wecken. Den Rest, wahrscheinlich den größten Teil, habe ich vom Musikgeschäft. Es härtet dich auf eine Art ab, gegen die du auch als Heiliger keine Chance hast.

Ein einzelner Hit kann Glück sein. Doch wenn du als Musiker laufend Hits produzieren willst, musst du dich anstrengen. Dann musst du kämpfen. Wenn du dich in deinem Leben dafür entschieden hast, deinem Publikum wirklich etwas zu geben, es im Herzen zu berühren, dann musst du auf vielen Ebenen gleichzeitig kämpfen. Kompromisse kommen nicht in Frage.

Du musst dich jeden Tag mit der Gitarre hinsetzen und ausprobieren, was funktioniert und was nicht. Du musst gnadenlos sein in deiner Selbstkritik und unbeirrbar in deinem Wunsch, etwas Gutes hervorzubringen. Du musst Niederlagen wegstecken können, wie die nach dem Flop von *Hoffnungslos.* Das Album hatte noch der Produzent Christian Kolonovits mit Musikern aus Frankfurt und Umgebung gemacht. Danach sagte ich mir: Weiter. Koste es, was es wolle. Als Nächstes muss eine Band her.

Dieses »Weiter«, das musst du erst einmal schaffen. Immer wieder. Das verlangt dir wahrscheinlich die allermeiste Härte ab. Du musst dich fokussieren können. Du musst dich ganz auf den Rock-Planeten zurückziehen können. Du musst alles andere ausklammern können. Auch wenn das anderen nicht gefällt.

Ende 1978 arbeiteten meine Band und ich in einem Studio in Offenbach bei Frankfurt am Main. Dort lag die Zentrale der *Bellaphon.* Diesmal ließ mir deren Chef Zivanovic noch mehr Freiheit als sonst. Ich produzierte zum ersten Mal ein Album selbst. Alle anderen hatte Christian Kolonovits gemacht. Er war einer der wichtigsten Menschen in meinem Leben. Ohne ihn wäre ich nie dorthin gekommen, wo ich bin.

Kennengelernt hatten wir uns bei einer Zusammenarbeit mit den *Schmetterlingen* im Rahmen der *Wiener Festwochen.* Eines Tages war er als neuer Pianist dieser Band aufgetaucht. Was er machte war so genial und wir verstanden uns so gut, dass wir miteinander weiterarbeiteten. Von da an war Christian an meiner Seite. *Zwickts mi. Es lebe der Zentralfriedhof. Die Blume aus dem Gemeindebau.* Überall war er dabei. Die Art, wie er den Song *Schifoan* arrangierte, ist zeitlos. Ich verließ mich willenlos auf ihn. Bis er mir eröffnete, dass er jetzt seine eigene Band hätte und es in den USA versuchen wolle.

Später machten wir noch zwei Alben miteinander. *Nach mir die Sintflut* mit meinen Versionen von Tom Waits-Songs und *Ambros singt Moser.* Doch jetzt musste ich unversehens ohne ihn auskommen. Ich handelte, als ich zum ersten Mal selbst produzierte, wie im Schlaf. Das war auch der Titel der Platte mit Übersetzungen von Dylan-Songs. Es war nicht einfach, aber was immer da in mir ablief, es fühlte sich richtig an.

Wir alle wohnten in einer Pension neben dem Studio. Mittags fingen wir zu spielen an. Wir arbeiteten bis Mitternacht und dann gingen wir schlafen. Morgens holte ich das Frühstück immer in der gleichen Bäckerei. Die Verkäuferin war gewöhnlich recht freundlich. Deshalb erkundigte ich mich, was los sei, als sie einmal sauer wirkte. »Warum habt ihr uns rausgekickt?«, fragte sie.

Wir hatten uns dermaßen auf den Rock-Planeten zurückgezogen und alles andere dermaßen ausgeklammert, dass uns die Fußballweltmeisterschaft in Argentinien ganz entgangen war. Am Vorabend hatten wir Österreicher die Deutschen als amtierende Weltmeister in einem Spiel, das sie noch immer *die Schmach von Córdoba* nennen, mit 3:2 besiegt und aus dem Turnier geschmissen. Zu einem Zeitpunkt, zu dem wir selbst schon rausgeflogen waren.

Nicht einmal jetzt in der Bäckerei erschloss sich mir die Bedeutung des Ereignisses. Ich war mit meinem Kopf, meinem Herzen und wenig später auch schon wieder mit meiner Stimme und meiner Gitarre bei den Dylan-Songs. *Denk ned noch* zum Beispiel, meine Version von *Don't Think Twice, It's All Right*.

Es hod kann Sinn, dass'd dositzt und mi anheulst
Jetzt is doch eh scho ois egal!
Es hod kann Sinn, dass'd dositzt und mi anheulst
Dass ana fuatgeht, ist doch ganz normal!
Wanns'd aufstehst in da Fruah, und aus'm Fenster schaust
Bin i längst scho fuat und auf da Stroßn draußt
Ich bin nua gangen befuas'd mi aussehaust!

Owa, denk ned noch
Es geht vorbei!
…

Du brauchst Härte, um dich nicht beirren zu lassen. Du musst auf deine eigenen Gedanken vertrauen lernen. Du musst etwas auch gegen die Meinung aller anderen durchziehen können.

Lässt du dich nach einem Flop wie dem von *Hoffnungslos* beirren, folgt darauf der nächste. Dann merkst du es gar nicht richtig und schon betreibst du irgendwo ein schäbiges Lokal, in dem vergilbte Zeitungsauschnitte an den Wänden an deine angeblich große Zeit erinnern.

Viele bezweifelten, dass *Wie im Schlaf* funktionieren würde. »Wolfgang, das können wir so nicht stehen lassen. Da wackelt ja alles«, sagte unser Tontechniker.

Hätte ich das auf mich wirken lassen und dazu noch mein angeschlagenes Selbstbewusstsein befragt, oder hätte ich darüber nachgedacht, ob ich überhaupt in der Lage war, ein Album selbst zu produzieren, wäre das Projekt untergegangen.

Im Musikgeschäft brauchst du den Zug nach vorn, sonst fällst du um wie mit einem Fahrrad, wenn du stehen bleibst. Dafür musst du dich über alle möglichen inneren und äußeren Widerstände hinwegsetzen. Sollte das ohne Härte gehen, weiß ich nicht, wie.

Anfangs verunsichert dich die Kritik der Außenwelt an deiner Härte, aber je öfter dir das Leben recht gibt, desto mehr setzt du auf sie. Dann kommst du zu dem Schluss, dass die Produktion eines Albums mit deinen eigenen, aus dir und deinem Leben entstandenen Songs keine Kompromisse verträgt. Du hast deine Band und dein Team. Ohne beides geht gar nichts. Aber am Ende ist es dein Ding, das auch nur du durchziehen kannst. Wenn du das nicht tust, gibt es bald auch keine Band und kein Team und keinen Tonmeister mehr.

Bei *Wie im Schlaf* gab mir das Leben zu hundert Prozent recht. Zum ersten Mal stiegen wir damit in die deutschen Charts ein. Alles andere folgte. Wir hatten endlich einen guten Grund, auf Tour zu gehen, und waren bestens gebucht.

Wir beschafften uns einen Recording-Truck, ein fahrbares Studio, was damals in unseren Breiten noch relativ exotisch war, mit einem Aufnahmegerät, das über 24 Tonspuren verfügte. Die Band und ich taten wochenlang nichts anderes, als die Aufnahmen zu bearbeiten. Jeder hatte seine Spur, die er ausbessern konnte. *Live ...auf ana langen, finster'n Stroß'n* wurde als Zusammenschnitt von fünf unserer Konzerte ein Riesenerfolg.

Der Song *Schifoan* war damals bereits zwei Jahre alt, aber noch nie ein Hit gewesen. Dazu wurde er erst durch diese Tournee und unser Live-Album. Bei einem unserer Auftritte in der Oberpfalz verlangte das Publikum danach. Wir hatten ihn nicht im Repertoire und dementsprechend auch nicht geübt. Ich konnte mich auch nicht mehr genau erinnern, wie er ging. »Ich versuch's halt«, sagte ich zu unserem Publikum. So entstand die Version, bei der ich mich nur selbst mit der Gitarre begleite. Damit setzte sich der

Song durch. Anders wäre er wahrscheinlich in der Versenkung verschwunden. So ist das Leben. Es gibt eine Menge anderer Songs, die auch mehr Aufmerksamkeit verdient hätten, dieses Glück aber nicht hatten.

Härte jedenfalls wird zum Teil deiner Professionalität. Sie bringt dich weiter und schützt dich, so erlebst du das. Du bist nicht mehr der nette, harmlose Bub aus dem Dorf. Das Ganze mischt sich mit dem Erfolgsdruck und mit dem Kokain. In manchen Situationen wirst du zum Monster. In manchen zum Arschloch. Das ist einfach so.

Wenn dein Plan ist, dauerhaft vor einer jubelnden und tanzenden Menge auf der Bühne zu stehen, ist das fast unvermeidlich. Wenn du dann tatsächlich vor dieser Menge stehst, wird der Vorwurf der Härte zu einem verschmerzbaren Kollateralschaden. Du erwartest, dass die Welt sie dir als Rockmusiker zugesteht, sie dir verzeiht.

Du siehst auch keine Alternative zu dieser Art von Härte. Dieses Immer-Weitermachen, Immer-neu-Anfangen, nach jedem Absturz, nach jedem Einschnitt, da hilft dir keine Philosophie, kein gutes Zureden, da hilft dir Härte. Als Joesi Prokopetz seiner eigenen Wege ging zum Beispiel, war das ein Einschnitt. Der Mann, der so viele geniale Songtexte geschrieben hatte, wollte in die Werbung. So wollte er sich verwirklichen.

Joesi, mein Freund seit Jugendtagen, war unglaublich begabt. Er hatte die Unbekümmertheit, die es für den Erfolg neben dem Talent auch braucht. Als ich als Jugendlicher im Wiener Volksgarten beim Theseustempel wie ein Straßenmusiker auftrat, ging er mit dem Hut herum. Als ich

Anfang der Siebziger aus London zurückkehrte und mitbekam, dass es eine Dialektwelle gab, sagte er: »Dann machen wir das eben.« Gute, moderne und progressive Musik hatte es bis dahin nur auf Englisch gegeben.

Doch Songtexte zu schreiben, war ihm zu wenig. Auch als Werbetexter war er genial. Zum Beispiel stammt ein Bier-Slogan, der sich inzwischen seit Jahrzehnten hält, von ihm: *Lustig samma – Puntigamer.* Eine Weile war er ein Yuppie, bevor es den Ausdruck überhaupt gab. Kurzfristig versuchte er sich als Solokünstler im Musikgeschäft. Später machte er Kabarett. Es gab diese Zeit, in der wir uns entfremdeten, doch auf irgendeine Weise hatte unsere Freundschaft immer Bestand. Wir haben uns nie voneinander verabschiedet. Wir haben bis heute laufend Kontakt.

Werbung? Ich hätte das nicht gekonnt. Ich hätte es nicht gewollt. Ich wollte um jeden Preis auf der Bühne stehen und den Menschen vor mir geben, was sie sich von mir erwarten. Es macht dich auch hart, ein Getriebener zu sein. Wenn dann jemand wie Joesi auf einmal nicht mehr an deiner Seite ist, fragst du dich, ob alles so gut weitergehen kann wie bisher. Dann kapierst du, dass dein Erfolg nie von anderen abhängt, sondern immer nur von dir selbst. Du musst dich aus den dunklen Löchern immer wieder herauskämpfen und dich erneuern, wenn du gerade drinsteckst. Du musst immer dranbleiben.

Joesis Abschied änderte nichts an meinem Erfolg. Ich brachte weiterhin einen Hit nach dem anderen heraus und ich weiß, dass ich das auch meiner Härte verdanke. Deshalb stehe ich zu ihr genauso wie zu meinem Umgang mit Drogen und mit Sex. Wenn ich jemanden verletzt habe, tut es mir leid. Aber am Ende bleiben nur die Harten im Musikgeschäft übrig.

Ist Härte eine Sünde, die das Leben automatisch bestraft? Falcos Schicksal spricht dafür. Doch es gibt andere Schicksale, die dagegensprechen. In der österreichischen Musikszene gibt es einige, die härter waren als ich und die das Leben trotzdem nicht dafür bestraft. Menschen, die sich egoistisch gegenüber ihren Musikern und ihren Freunden verhalten. Menschen, die andere benutzen, solange es ihnen passt, und sie dann einfach fallen lassen. Manchmal melden sie sich wieder und reden mit dir, als hättet ihr euch gestern zum letzten Mal gesehen.

Rainhard Fendrich war immer härter als ich, nicht nur bei seinem Umgang mit seinen Musikern, und trotzdem hat ihm das Leben nicht so übel mitgespielt wie mir.

Ich lernte ihn Anfang der 1980er-Jahre kennen. Er wurde mir als der neue Star präsentiert. Das ist der mit dem Hit *Strada del Sole,* hieß es. Das neue Wunder. Ich solle ihn mir ansehen. Rainhard und ich, wir gaben einander die Hand. Er sagte servas, ich sagte servas, und es hat von Anfang an gepasst. Wir haben viel gelacht und viel miteinander unternommen. Wir gingen miteinander Skifahren. Seine frühere Frau, meine frühere Frau, er und ich. Einmal waren wir in Mexiko miteinander. Mit *Austria 3* spielten wir jeden Sommer fünf bis zehn Open Airs.

Wir beide haben unsere Freundschaft ebenfalls nie gekündigt. Seit der Auflösung unserer Band *Austria 3* ist es trotzdem still zwischen uns geworden. Er schottet sich mit aller Härte von allem ab. Auch von mir.

Es könnte an seiner jetzigen Frau liegen. Vielleicht will sie nicht, dass wir Kontakt haben. Ich bin ihr nur einmal begegnet. Damals hat sie mich auf eine Art angesehen, die das in den Bereich des Möglichen rückt. Sie scheint alles seine Vergangenheit Betreffende von ihm fernhalten zu wollen. Vielleicht will sie die Einzige sein, die Einfluss auf ihn hat. Wenn es so ist, dann ist ihr das gelungen.

Rainhard verkaufte sogar seine Finca auf Mallorca, in der wir legendäre Feste gefeiert hatten. Soviel ich weiß war ein gewisser Monsieur Dupont der Käufer, bekannt von einem französischen Unternehmen, das Luxusartikel wie Feuerzeuge und Kugelschreiber herstellt. Bei seinem Angebot konnte Rainhard nicht Nein sagen.

Ein Jahr nach dem Ende von *Austria 3* starb Georg Danzer. In dieser Zeit trafen auch Rainhard und ich einander noch regelmäßig, als wir Georg bis zuletzt besuchten. Nach Georgs Tod war alles abrupt vorbei. Es gab nicht einmal ein Begräbnis. In dem Moment, in dem Georg die Augen geschlossen hatte, holte ihn ein Wagen der Bestattung ab und brachte ihn umgehend in ein Krematorium. So hatte er es sich gewünscht und so ist es geschehen.

Rainhard änderte seine Nummer. Als Corona kam, rief er mich im ersten Lockdown an, als seien wir am Vorabend noch beisammengesessen. Er bezog gerade sein neues Haus am Traunsee, gegenüber von Gmunden. Er und seine Frau waren von Wien aus vorausgefahren. Am nächsten Tag sollte der Umzugswagen folgen. Was dann wegen der Beschränkungen nicht ging. »Stell dir vor«, sagte er. »Ich sitze in einem leeren Haus und habe nicht einmal mehr etwas zum Anziehen.«

Das ist das Letzte, was ich von ihm gehört habe.

Inzwischen hat er dieses Haus auch nicht mehr. Wo er jetzt wohnt, weiß ich nicht.

André Heller ist auf seine Art ebenfalls hart. Nach dem großen Erfolg meiner Dylan-Platte meldete er sich bei mir. Er wollte unbedingt den Dylan-Klassiker *Forever Young* mit mir singen. Ich wusste schon, dass er wie viele andere in der Szene dazu neigt, andere zu benutzen. Er holt sich, was er braucht, und der Rest ist ihm egal. Aber warum sollte ich Nein sagen? Vorgesehen war der Song schließlich von Anfang an für eine Friedensdemo.

Wir saßen in meinem Büro, feilten am deutschen Text und warfen uns die Begriffe nur so zu. Es war eine Art kooperatives Brainstormen.

Ich war ihm schon davor begegnet, woran er sich nicht mehr erinnern konnte. Meine damalige Freundin, meine *Wintersunn*, hatte ein Treffen vereinbart. Heller war noch mit Erika Pluhar zusammen. Sie war auch da, als wir uns in seiner kleinen Wohung in Wien-Hietzing trafen. Ich sang ihm die Lieder vor, die ich hatte. *Da Hofa* und die *Wintersunn*. Er meinte, ich hätte eh eine gute Stimme, aber er könne da nichts machen. Er sei auch nur ein Künstler. Ich solle zu diesem und jenem gehen. Wie du eben so redest, wenn du jemanden abwimmeln willst. Ich kenne das inzwischen selbst. Jemand kommt auf dich zu, meistens nach einem Auftritt, wenn du gerade am wenigsten Zeit hast, drückt dir ein Demo in die Hand und wenig später weißt du schon nicht mehr, worum es eigentlich geht, und es geht unter.

Dass *Für immer jung* solche Dimensionen annehmen würde, hätte ich nie gedacht. Er war sofort ein Hit. Ich nahm ihn in mein Programm auf, weil es eine gute Abschlussnummer ist.

Für immer jung

Ans, zwa, na woart
Ans, zwa, drei, vier
Di solls gebn solangs die Wölt gibt
Und die Wölt solls immer gebn
Ohne Angst und ohne Dummheit
Ohne Hochmut sollst du lebn
Zu die Wunder und zur Söligkeit
Is dann nur a Katzensprung
Und wann du wülst
Bleibst immer jung
Für immer jung
Für immer jung
Wann du wülst
Bleibst immer jung
…

Das Leben hat Heller immer gut behandelt und stattdessen Georg Danzer übel mitgespielt. Georg, der ein extrem feiner Mensch war. Ihn hat es völlig ohne Grund bestraft. Als ich ihn kennenlernte, herrschte zwischen uns sofort wortloses Verständnis. Mit ihm auszukommen und mit ihm zusammenzuarbeiten war die einfachste Sache der Welt. Wenn es eine ausgleichende Gerechtigkeit gibt, wenn es Schuld und Sühne gibt, wenn das Schicksal irgendeinem anderen Plan als dem Zufall folgt, dann verstehe ich die Regeln nicht.

Menschheitssühne

Heiße Rhythmen, ohne Plan. Es ist der Tanz auf dem Vulkan. Wehe, wehe, wenn ich an das Ende sehe!

Es gab nicht nur Petraki in meinem Leben, sondern mit Afrika immer auch noch ein zweites Paradies. Zwei Monate im Jahr bin ich in Kenia, wo ich ein Haus gemietet habe. Ich bin eher Vagabund und bleibe nirgendwo lange, aber der Diana Beach mit seinem weißen Sand ist nun auch schon seit fast vier Jahrzehnten so etwas wie eine weitere Wahlheimat für mich. Ich konnte auch dort immer Songs schreiben und mich von körperlichen und seelischen Strapazen erholen. Zur Rückreise muss ich mich immer erst überwinden. Vielleicht passe ich von meiner Persönlichkeitsstruktur her ja besser dorthin als nach Österreich.

Bloß ist dieses Paradies bedroht und nicht nur das. In Afrika kannst du sehen, wie bedroht die ganze Welt ist. Du kannst sehen, was als Nächstes auf die Menschheit zukommt. Zum Beispiel, wenn du von Nairobi aus zum Turkana-See fliegst, was ich vor einer Weile tat.

Die kleine Maschine zog vom Flughafen aus eine Kurve und überquerte das Häusermeer von Nairobi und die Kibera Slums mit ihren zahllosen aneinandergestückelten Rechtecken der Dächer. Besonders dort, in Afrika, fragst du dich, wie es so weit kommen konnte, dass Menschen in solchen seelenlosen Molochen hausen müssen, während ringsum die Natur verkommt. Es wird immer mehr Menschen geben, immer größere Slums und eine immer kaputtere Natur. Wir sind einfach zu viele. Das hält die Welt nicht aus.

Am Steuer der Maschine saß ein Freund von mir, dessen Frau an der österreichischen Botschaft in Nairobi arbeitete und der selbst vor allem Hausmann und Vater war. Er hatte in Nairobi den Pilotenschein gemacht, weil der dort vergleichsweise leicht zu bekommen war. Unser Ziel war der südlichste Zipfel des Turkana-Sees, wo ein weiterer Österreicher eine Lodge betrieb und dringend Gäste brauchen konnte.

Während ich Kopfhörer gegen das Dröhnen der Maschine aufsetzte, erstreckten sich unter uns noch fantastische Landschaften voller glitzernder Seen und rosaroter Flamingo-Schwärme. Nach einer Weile überflogen wir ausgedehnte Felder mit seltsamen blauen Gewächsen. Das waren Artemisia-Monokulturen, aus denen sie einen von den Chinesen entdeckten Wirkstoff gegen Malaria gewinnen. Sonst wächst dort nichts mehr. Ich bin ja dankbar für diese Medikamente. Ich habe selbst zweimal Malaria überlebt, was zu den Toden gehört, die ich beinahe gestorben wäre. Doch vom Himmel aus sieht das bedrückend aus.

Noch weiter nördlich recken nur noch versteinerte Bäume ihre Äste in den Himmel, als Erinnerung daran, dass es auch hier einmal Leben gegeben hat. Noch ein Stück weiter gab es gar nichts mehr, keine Pflanzen, keine Tiere und schon gar keine Menschen. Dort tauchte vor uns die Wasserfläche des Turkana-Sees auf.

Der Österreicher dort hatte seine Lodge in besseren Zeiten gekauft. Die Gegend war einmal ein Hotspot der Modeindustrie gewesen, als traumhafte Kulisse für Modeshootings. Unser Wirt hatte noch ein paar Fotos, die ihn mit ein paar der schönsten Frauen der Welt zeigten, aber die kamen längst nicht mehr. Der grüne Gürtel um den See wurde jedes Jahr schmaler und schmaler. Dazu kam der ständige zähe Wind. Als wir gelandet waren, mussten wir als Erstes die Maschine mit Seilen und Karabinern festmachen, damit er sie nicht holte.

Unser Wirt gab sich alle Mühe, uns einen angenehmen Aufenthalt zu bereiten. Er hatte sogar einen Pool, was in der Gegend eine Seltenheit ist, aber alles war etwas versifft und überall hast du gespürt, dass alles Leben hier auf dem Rückzug ist. Dagegen konnte auch er sich nicht stemmen und es würde mich wundern, wenn es seine Lodge dort noch immer gibt.

Der Turkana-See existiert seit vier Millionen Jahren. Manchmal wuchs er, manchmal schrumpfte er, aber immer versorgte er die Menschen und die Tiere in seiner Nähe. Doch seit vielen Jahren verändert sich die Landschaft um ihn. Die Bauern dort müssen bereits monatelang weit entfernt von ihren Familien mit ihren Ziegen und Schafen auf der Suche nach Nahrung in verdorrten Steppen herumirren.

Das Wasser des Sees versalzt allmählich und darin treibt der Nilbarsch sein Unwesen. Einst haben ihn die Kolonialherren eingesetzt, und Zug um Zug verdrängte dieses maßlos fressgierige Raubtier die anderen Fischarten. Inzwischen ist er selbst bedroht, was ihn zu einer düsteren Prophezeiung, einem Gleichnis, einem Mahnmal für die Menschheit macht. Denn global gesehen ist der Mensch das Raubtier. Er frisst, vom Kapitalismus getrieben, alles, was ihm in die Quere kommt, und wird genau deshalb letztendlich selbst aussterben.

Das Gebiet um die nördliche Spitze des Turkana-Sees gehört bereits zu Äthiopien und ist eines der ärmsten der Welt. Menschen sterben dort an Hunger. Ausgerechnet hier, wo die Wiege des Lebens gestanden sein könnte, siehst du, wie alles wieder zu Ende geht, und zwar überall. Ich habe mit Norddeutschen gesprochen, die mir erzählt haben, dass es auch in ihren Regionen manchmal monatelang nicht regnet. Alles verdorrt dann. Die Ernten verkommen auch dort. So viel Wasser kann es gar nicht geben, um all die Felder künstlich und nachhaltig zu bewässern.

Was ist Schicksal? Was Schuld? Was Sühne? Ich habe lange gegrübelt, um diese Fragen für mein eigenes Leben zu beantworten. Was die Menschheit betrifft, ist die Antwort einfach. Das Schicksal hat uns eine fantastische Welt gegeben. Sie hatte alles, was wir brauchen. Unsere Schuld besteht darin, sie schon halb zerstört zu haben und weiter zu zerstören. Die Sühne folgt in Form unseres Untergangs. Um sie noch zu retten, dafür ist es zu spät. Wir haben keine Chance mehr und wir können uns nicht einmal darauf ausreden, es nicht gewusst zu haben.

1983 ließ ich einen Teil eines Artikels aus der *Frankfurter Allgemeinen Zeitung* auf mein Album *Der letzte Tanz* drucken. Das ist jetzt fast vierzig Jahre her. Die Zeilen klingen heute auf unheimliche Weise prophetisch.

Das industrielle Wirtschaftssystem und die natürliche Umwelt des Menschen setzen Grenzen. Der Druck der hungernden Milliarden auf die reichen Zentren wird wachsen. Die Ausplünderung der Welt wird kriegerische Mittel erfordern. Die allgemeine Aufrüstung wird drückender und gefährlicher. Die Mächtigen werden Lösungen zu ihren Gunsten durchzusetzen versuchen. Die technischen Mittel zur Aufrüstung von Herrschaft werden immer verfeinert. Immer leichter können Menschen mit Instrumenten der Meinungsmanipulation irregeleitet werden, zugleich wird die Anfälligkeit der Zivilisation immer größer. Verzweiflung und abenteuerliche Gewaltakte aus der Gesellschaft gedrängter Menschenschichten und Völker verursachen Panikreaktionen, die zwangslaufend zu Konflikten führen …

Wir wussten oder spürten schon in den 1970er-Jahren, bevor die digitale Revolution alles noch weiter beschleunigte, wozu der Kapitalismus führen wurde. Dass er kein gutes

Ende nehmen würde. Auch wenn ich mich nicht als Forscher oder Umweltaktivist damit befasste, drängte sich mir diese Einsicht als unbestimmtes Gefühl auf.

Die industrielle Vereinnahmung aller Ressourcen, der hemmungslose Abbau von Bodenschätzen in bettelarmen Gegenden zum Vorteil der Reichen, der immer gieriger, schneller und perverser werdende Konsum. Wer in den 1970er- und 1980er-Jahren einigermaßen klar bei Verstand war, wusste schon damals, dass der Kapitalismus die Welt eines Tages zerstören würde.

Es gab schon damals laute, warnende Stimmen. Der *Club of Rome*, ein internationaler Zusammenschluss renommierter Experten, erklärte schon 1972, dass es mit dem grenzenlosen Wachstum nicht mehr weitergehen könne. 1972. Das musst du dir einmal vorstellen.

Der Text auf meinem Plattencover von 1983 spiegelte das alles wieder. Er stand etwas versteckt auf der Innenhülle der Platte. Vielleicht wollten ihn nur wenige lesen und noch weniger verstehen. Vielleicht hörten auch nur wenige beim Titelsong des Albums zu oder hielten es für eine poetische Horrorvision statt für eine Beschreibung der Wirklichkeit.

Der Letzte Tanz

Schrille Töne, grelles Licht!
Wie's weitergeht des wiß' ma nicht.
Wehe, wehe,
Wenn ich an das Ende sehe!
Keine Hoffnung. Alles aus.
Wir moch'n Schluss in Saus und Braus!

Wehe, wehe,
Wenn ich an das Ende sehe!
Warum, warum geht's ned weiter, frogt da Hansi.
Weu's hoit, weu's hoit aus is, sogt da Franz.
Kann ma, kann ma goa nix moch'n?
Na na na, es is der letzte Tanz!
Nix is mehr so wie's früher woa.
Früher woa ollas so wunderboa.
Wehe, wehe,
Wenn ich an das Ende sehe!
Olles hängt durch, nix is mehr grod.
Es is nix draus word'n - schod, schod, schod!
Wehe, wehe,
Wenn ich an das Ende sehe!
Wos kummt nochher, wos kummt nochher, frogt da Hansi
Niemand waß des, olles unkloar sogt da Franz.
I hob a Angst i hoit's ned aus, i wü weg, i drah durch!
Sinnlos Hansi, es is der letzte Tanz!
Heiße Rhythmen, ohne Plan.
Es is der Tanz auf dem Vulkan.
Wehe, wehe,
Wenn ich an das Ende sehe!

Die Politik reagierte schon 1972 nicht und tut es jetzt, fünfzig Jahre später, ebenso wenig. Alles ist jetzt nur noch schlimmer. Die Pole schmelzen, der Regenwald verkohlt in schrecklichen Bränden, die Menschen hungern. Industrien beuten die Welt gnadenloser aus denn je. Die Australier sind besonders schlimm. »Wir haben so viel Kohle, die müssen wir verkaufen, sorry«, sagen sie. In dem Punkt sind sie knallhart. Australien ist wunderschön und hat eine faszinierende Geschichte. Aber viele Australier haben ein seltsames Verhältnis zur Natur. Es fehlt ihnen an Respekt und so ist es fast überall auf der Welt.

Rund um den Äquator, da ist es in Afrika noch fruchtbar und schön, auch wenn es den Menschen dort ebenfalls nicht besonders gut geht. Je weiter du dich von ihm entfernst, desto unwirtlicher und dramatischer wird es, und auch für viele andere Teile der Welt sieht es düster aus. Buschfeuer in Australien und Waldbrände in Kalifornien oder der Türkei. Die ganze Welt brennt und wir starren trotzdem unbeteiligt auf die rauchenden Ruinen, die uns die Bildschirme zeigen. Wo immer die Welt noch schön ist, zerstört sie der Mensch auf irgendeine Art und Weise.

Der Kapitalismus bedeutet nichts anderes als das Recht des Stärkeren, womit es auf Dauer auch für die Demokratien schlecht aussieht. Die Reichen und die Mächtigen, die immer reicher und mächtiger werden, scheren sich immer weniger um Gesetze und andere Errungenschaften unserer Zivilisation. Sie werden sich retten und den Rest der Menschheit verkommen lassen. Alles wird sich zuspitzen. Die Flüchtlinge aus den als Erstes betroffenen Regionen werden uns niederrennen.

Die Länder im Norden Europas können es sich leisten, humane Politik zu machen. Noch. Schweden oder das wunderschöne Norwegen. Dort will ich unbedingt noch hin. Ich habe gute Freunde dort, die ich in Afrika kennengelernt habe. Es gibt noch viel Platz im Norden und es herrscht dort ein anderes Denken. Es ist offener, freier, liberaler und dabei sozialer. Vielleicht werden sie im Norden deshalb länger überleben als im Rest von Europa. Aber um wie viel länger? Auch ihre Zeit läuft ab.

Ich kann keine Prognosen über den Zeitpunkt des Untergangs abgeben. Schließlich bin ich kein Klimatologe. Aber ich interessiere mich für das Wetter und die Atmosphäre, und dann ist es relativ einfach, zu sehen, was passiert. Der Golfstrom, der Europa einigermaßen warm hält, versiegt. Langsam, aber sicher. Ohne ihn wird es bei uns kälter und immer kälter.

Den Jetstream, das Band aus Winden, das in der Troposphäre unser Klima regelt, haben wir ebenfalls schon durcheinandergebracht. Deshalb häufen sich extreme Wetterereignisse und bestimmte Wetterlagen können jetzt scheinbar endlos bestehen bleiben. Eine Kaltfront dauert heutzutage länger als früher, eine Hitzewelle ebenso.

Alles hängt mit allem zusammen und wenn dieses faszinierende, aber leider auch fragile System zusammenbricht, gibt es nur einen, der schuld ist. Der Mensch. Doch wir lernen nichts daraus. Wir betreiben immer weiter Raubbau und wählen immer weiter machtgeile Politiker statt welche, die einen Plan haben.

Die Insekten werden überleben. Die passen sich an und brauchen am wenigsten. Obwohl die auch immer weniger werden. Wenn du früher mit dem Auto von Tirol nach Wien gefahren bist, war die Scheibe komplett zu mit toten Insekten. Heute ist da kaum noch was. Vielleicht läuft es ja auch irrsinnig gut und ein paar Vertreter unserer Spezies überleben. Das ist zwar unwahrscheinlich, doch der Mensch ist eine robuste Erfindung. Er ist anpassungsfähig. Immerhin gab es auch in der Eiszeit Menschen.

Ich machte mir darüber schon damals, bevor ich zum ersten Mal Vater wurde, Gedanken. Ich fragte mich, ob es bei den schon damals düsteren Aussichten überhaupt vertretbar ist, ein Kind in die Welt zu setzen. Viele aus meiner Generation dachten darüber nach. Wenn du ein Kind in die Welt setzt, ist das schließlich nicht nichts. Du trägst dein ganzes Leben lang eine gewisse Verantwortung dafür. Wir haben uns schließlich dafür entschieden, aus nicht rationalen Gründen. Wir wollten es einfach.

Jetzt ist der Bub vierzig und hat selbst zwei Kinder. Er ist ein super Typ, ein Spitzenmusiker, gescheit und selbst Vater, und zwar ein guter. Er hat die Lizenz zum Kinderkriegen, würde ich sagen, und die haben wirklich nicht alle. Aber manchmal fällt mir das alles ein, während ich meine Enkelkinder beobachte. Dann versuche ich, nicht über die Zukunft nachzudenken.

Wenn ich jemanden sagen höre, dass wir die Welt retten müssen, denke ich manchmal an den Kilimandscharo und muss lachen. Stolz und mächtig erhebt er sich südlich von Nairobi, und er wird dort immer bleiben. Früher war sein oberstes Fünftel weiß. Jetzt ist es nur noch seine oberste Spitze, das oberste Fünfzehntel vielleicht. Die Urwälder zu seinem Fuß, die von dem Wasser leben, das da herunterkommt, werden auch verschwinden. Doch der

Berg selbst wird immer da stehen. Er ist ewig. Wir brauchen ihn nicht zu retten. Wir müssen die Welt nicht retten. Die kommt auch ohne uns aus, egal bei welchen Temperaturen. Wir müssten uns nur selbst retten.

Doch weit und breit ist niemand in Sicht, dem das zuzutrauen wäre. Während dieses Buch entsteht, ist der Stand der Dinge so: Die Amerikaner haben einen alten Mann gewählt, einen Greis. Wenn ich Joe Biden so dasitzen und zittern sehe, vermute ich, dass er längst Parkinson hat. Sleepy Joe nennen sie ihn. Er ist tatsächlich eingeschlafen bei der UN-Klimakonferenz in Glasgow 2021. Schon bei der Eröffnungsrede. Er darf auch müde sein. Immerhin ist er fast achtzig. Aber so einer kann doch nicht eines der mächtigsten Länder der Welt regieren und das in einer Phase, in der die Welt vor der größten Herausforderung aller Zeiten steht.

Ein Populist wird kommen und diese Schwäche ausnutzen. Donald Trump hat bewiesen, dass es genug Amerikaner gibt, die auf Populismus hereinfallen, auch wenn er noch so dumm und zerstörerisch ist. Er wird sagen: Wir können ohnehin nichts mehr tun. Es ist zu spät. Also machen wir uns noch ein schönes Leben bis 2080 oder bis wir halt alt geworden sind und sowieso sterben. So lange wird die Welt noch halbwegs funktionieren. Dann soll sie untergehen.

Das klingt krass, aber ich bin überzeugt, dass diese Einstellung früher oder später gesellschaftsfähig sein wird. Nach uns die Sintflut. Die meisten Menschen haben lieber noch zwanzig schöne Jahre, als sich jetzt in diesem Moment der Katastrophe zu stellen. Diese egoistische, ignorante Haltung wird von den USA ausgehen. Dort können wir vieles vorab beobachten, das in den folgenden Jahren in der ganzen Welt geschieht. Dort nimmt auch viel Schlechtes seinen Anfang. Vielleicht tritt Trump selbst noch einmal an. Ich könnte es mir vorstellen. Wenn er gewinnt, kommt das alles schon bald.

Schon gar nicht ist in Europa jemand in Sicht, der ernsthaft etwas zur Rettung der Menschheit beitragen könnte. Wenn uns die Coronakrise etwas gezeigt hat, dann ist es die unglaubliche Dummheit unserer Politiker. Leicht war die Pandemie für sie von Anfang an nicht und ich bin froh, dass ich selbst kein Politiker war, aber dennoch: Im Vergleich zur Klimakrise ist die Coronakrise nicht einmal ein Kriserl. Im Vergleich dazu ist sie gar nichts. Politiker, die an der Bewältigung der Coronakrise scheitern, brauchen mit der Bewältigung der Klimakrise erst gar nicht anzufangen.

Über Österreich reden wir besser gar nicht. Ich will schon nicht mehr wählen gehen. Beim letzten Mal habe ich die Grünen gewählt, weil ich wollte, dass die auch einmal mitregieren. Zufrieden bin ich mit ihrer Leistung nicht. Während dieses Buch entsteht, ist Werner Kogler ihr Parteichef. Im Vergleich zu anderen Politikern mag er ein guter Typ sein, aber bei einigen anderen Grünen bin ich mir da schon nicht so sicher. Die sind als Abgeordnete auch nur Menschen mit einer sicheren Anstellung und einem guten Gehalt, das sie so lange wie möglich beziehen wollen. Wo die für die Rettung der Menschheit vor dem Klimawandel brennen, weiß ich nicht.

Die ÖVP hatte gerade für eine Weile ihren Sebastian Kurz und seine Freunde. Keiner sah genau hin und auf einmal hatten die sich an die Spitze intrigiert, an die Spitze der Partei und des Landes. Jetzt ist Kurz Altkanzler und ein Gerichtsverfahren läuft gegen ihn. In Wien gibt es einen Ausdruck dafür. Für mich sind das alles Halawacheln. Von einer Vision zur Rettung der Menschheit keine Spur.

Vielleicht gibt es noch integre Politiker. Vielleicht ist Pamela Rendi-Wagner, die gerade Parteichefin der Roten ist, integer. Was sie sagt, ist wunderbar. Wenn das jetzt auch noch Gehör finden würde, wäre es noch wunderbarer. Aber leider Gottes hat sie eine unglückliche Art. Sie bringt ihre Botschaften nicht gut rüber. Es ist wie bei einem Schauspieler, der eigentlich gut, aber zu introvertiert für seinen Beruf ist. Eigentlich sollte er vor dem Publikum nicht mehr nachdenken und nur mehr funktionieren. Aber er grübelt auch auf der Bühne noch und steht sich so selbst im Weg. So kommt mir Rendi-Wagner vor. Während sie eine Rede hält, denkt sie nach, ob das wirklich genau das ist, was sie sagen will. Sie ist zu verkopft. Dann krächzen auch noch ihre eigenen Parteifreunde dazwischen. Solche, die selbst nichts weiter als Populisten und Karrieristen sind, denen es um nichts als sich selbst geht. Trotzdem kommen einige von ihnen bei den Wählern an. Jammerschade eigentlich.

Die Jungen stehen vor dem Scherbenhaufen, den die Alten angerichtet haben. »Ihr seid schuld, ihr hättet es damals anders machen müssen«, werden sie eines Tages zu den Alten sagen, aber das wird nichts bringen. Denn die Alten werden antworten: »Sorry, zuerst waren wir noch zu klein und dann war es schon zu spät. Wir konnten nichts tun.«

Selbst die jungen Generationen, die heute voller guter Absichten demonstrieren gehen, richten letztendlich nichts aus. Es heißt, dass sie ganz anders als die alten sind. Friedlicher. Umweltbewusster. Engagierter. Aber wie lange wird das so bleiben? Und was kommt dabei raus, wenn du den Freitag zum Tag der Zukunft erklärst? Die ganze Greta-Thunberg-Bewegung kriegt nicht wirklich etwas auf die Reihe. Sie verändert de facto gar nichts.

Auf eine Generation zu hoffen, ist überhaupt Unfug. Was soll eine Generation sein? Es gibt ja nicht von einem Tag auf den anderen eine neue. Täglich kommen neue Menschen auf die Welt und es macht keinen Sinn, sie in Gruppen wie die Generation Y oder die Generation Z einzuteilen. Jeder kennt das aus seinem eigenen Leben: Du wirst ein Jahr älter und denkst plötzlich völlig anders über bestimmte Dinge als noch vor einem Jahr.

Da kann es schnell passieren, dass Menschen ihre Ideale aufgeben. Für Geld. Manche, die sich jetzt noch engagieren, kriegen eines Tages ein Angebot von irgendeiner bösen, klimaschädlichen Firma. Unversehens ist die Frau schwanger, die Familie braucht ein höheres Einkommen und sämtliche Überzeugungen sind dahin. Irgendwie auch verständlich, denn was sollen sie machen?

Sie sehen ja, was bei den Klimagipfeln passiert. Dort unterschreiben irgendwelche alten Männer und Frauen irgendwelche Beschlüsse, aber ein Braunkohlekraftwerk in Polen darf danach immer noch bis 2035 gewaltige Mengen an CO_2 in die Atmosphäre blasen. Welche Chance haben die friedlichen, umweltbewussten und engagierten jungen Menschen gegen gnadenlose Wirtschaftsbosse, die glauben, sie seien im Recht? Die Lage ist aussichtslos und jeder muss schauen, wo er bleibt.

Epilog

Ella, das ältere meiner Enkelkinder, nennt mich *Apu Wolfgang*. Das kommt ursprünglich von Opa Wolfgang. Sie hat das Wort Opa zunächst umgedreht zu Apo, weil sie das interessanter fand. Daraus wurde dann Apu. Ich nenne sie im Gegenzug Enkel. Enkel Ella. Die gegenseitigen Besuche, das waren schon immer Momente, auf die ich mich gefreut habe, und sie sind es nach wie vor. Es macht mich glücklich, dass wenigstens er eine intakte Familie hat.

Ich mag es auch, wenn andere Gäste da sind. Auch das war schon immer so. Manchmal ist es ein bisschen viel, aber es ist immer lustig. Ich umgebe mich gerne mit Freunden und es scheint so zu sein, dass sie sich gerne mit mir umgeben. Besonders im Winter sind viele da. Uta, ihr Sohn, der zu einem besonders engen Freund geworden ist, und ich leben in einem großen Haus mitten in einem Skigebiet und viele verbinden Skifahren mit einem Besuch bei uns. Ich habe viele gute Freunde, manche kenne ich seit fünfzig Jahren. Auch wenn sie weit verstreut leben, kommen sie gern zu mir. Ich freue mich darüber und Uta kocht gerne.

Dieser Tage waren mein Manager Peter Fröstl und seine Frau da, der Wiener Musikjournalist Walter Gröbchen, der über eine Fernsehshow mit mir redete, dazu noch einige andere Freunde aus Österreich und einige aus Afrika. Jemand hatte griechisches Moussaka mitgebracht, das wir nur noch ins Rohr schieben mussten. Fröstl hatte Trüffel gebracht. Daraus machten wir am zweiten Tag Trüffelnudeln als Beilage zu zarten Kalbsfilets.

Was noch? Ich habe schon immer gerne gelesen. Auch das ist als eines von den Dingen geblieben, die mich glücklich machen können. Ich lese, wenn ich einen Tag freiräumen, mich zurückziehen und mein Telefon abschalten kann. In Kitzbühel gibt es eine Buchhändlerin, die für mich eine echte Respektsperson ist, weil sie so viel liest. Sie berät mich und ich nehme, was sie empfiehlt. Zuletzt hat sie mir einen Tiroler dringend ans Herz gelegt. Georg Haderer. Ich lese gerade seinen Krimi *Seht ihr es nicht?*

Und da ist noch immer die Musik. Sie war immer mein Beruf und meine Leidenschaft. Es bedeutet mir noch immer etwas, auf einer Bühne mein Bestes zu geben. Vor ein Publikum zu treten wird für mich immer ein Hochgefühl sein. Wenn wir einen guten Saal haben, ein gutes Publikum und gut spielen, dann ist das eine Freude für mich. Eine, die anhält, auch nach dem Konzert noch. Ich glaube, dass ich meinen Job noch eine Weile machen kann. Dafür bin ich dankbar.

Die grauen Haare, die ich in jener Nacht in der griechischen Gefängniszelle bekam, sind wieder verschwunden. Sie waren einfach wieder weg. Praktisch alle meine Freunde sind ganz grau oder sogar weiß oder kahl geworden. Mich fragen sie, wie es das gibt. Wie ich immer noch die meisten meiner Haare mit ihrer vollen Farbe haben kann. Dann erzähle ich ihnen, dass es mein Leben lang so war. Manchmal hatte ich ein paar graue Haare und dann verschwanden sie wieder. Derzeit habe ich kein einziges. Ich finde das selbst seltsam. Ist es ein gutes Zeichen? Keine Ahnung.

In dem Jahr, in dem dieses Buch erscheint, feiere ich meinen siebzigsten Geburtstag und mein fünfzigjähriges Bühnenjubiläum. Für mich bedeutet das viel Arbeit. Denn für das Publikum mag es so aussehen, als würden da ein paar Menschen auf der Bühne Musik machen und fertig. Aber es steckt mehr dahinter. Du musst proben. Alles muss sitzen. Das ganze Drumherum muss passen. Ich trete nur auf, wenn das garantiert ist.

Dieses Jahr muss ich irgendwie schaffen und viel weiter voraus denke ich nicht. Ich habe keine Wünsche mehr. Oder doch, diesen einen, bescheidenen, den ich schon genannt habe. Dass es möglichst lange wenigstens so gut bleibt, wie es jetzt ist. Ich kann einigermaßen leben mit meiner körperlichen Verfassung. Große Sprünge kann ich keine mehr machen, aber das akzeptiere ich. Wenn du deine Situation richtig einschätzt, ist das schon etwas.

Ich könnte jetzt, mit siebzig, auch einfach Ruhe geben. Es ist nicht so, dass ich noch eine dringliche Botschaft an die Menschheit hätte. Ich bin zufrieden mit der Welt und muss niemandem mehr etwas beweisen. Am wenigsten mir selbst.

Es gibt auch nichts mehr, das ich unbedingt sagen will. Neuerdings reden ohnedies alle viel zu viel und dann auch noch durcheinander. In einer Talkshow herumzusitzen und irgendwelches Zeug von mir zu geben, darauf habe ich wirklich keine Lust mehr. Ich habe auch kein Bedürfnis mehr, ein Album zu machen. Ich habe ein Bedürfnis nach Ruhe und Frieden. Einer meiner Songs hat mich wohl eingeholt.

Ollas aundre zöht net mea
A Rosenblattl auf ana Gstettn
A Wiesn wo da Wind a Musta eineblost
A poar Blumen, de da gfoin hättn
Und de's trotzdem stehn lossn host
A Vogl, der waunns gaunz stüll is
Plötzlich seine Stimm erhebt
A Blattl, des im Winta no a bissl grün is
A oida Bam, der si im Wind bewegt
Ollas aundre zöht net mea
Ois wia a Haudvull Salz im Meer
Wenn de Frau von dera's tramst
Füa di genau des söbe füht
Und waunn in dem Augenblick wennst wanst
Irgendwo dei Lieblingsliad spüht
Ollas aundre zöht net mea
Ois wia a Haudvull Salz im Meer
Wenn bei grauen Himml oft
Plötzlich de Sunn se firetraut
Und waunn auf amol unvahofft
A olda Freind da auf die Schulta haut
Ollas aundre zöht net mea
Ois wia a Haudvull Salz im Meer

Erinnerungen entwickeln im Laufe der Zeit wie gesagt ein Eigenleben. Einzelne Momente habe ich glasklar vor Augen, obwohl sie Jahrzehnte zurückliegen. Andere, auch ganze Wochen oder sogar Monate, verschwinden im Nebel der Jahre. Welches Gewicht hatten welche Begebenheiten? Welche waren auf lange Sicht schicksalshaft und welche unbedeutend?

Ich habe in meinem Leben nicht nur Fehler gemacht. Ich habe ein paar ziemlich gute Songs geschrieben. Ich war für meine Familie und für meine Freunde da und ich habe ein paar Menschen geholfen. Mit *Austria 3* haben wir Wohnheime für behinderte Obdachlose umgebaut und eingerichtet. Jedes Jahr gingen die Einnahmen von ein oder zwei unserer Auftritte zur Gänze an die Obdachlosenheime. Auch in Afrika habe ich zu einem Sozialprojekt beigetragen.

Wahrscheinlich hat es wenig Sinn, in der Vergangenheit zu wühlen. Ab einem bestimmten Zeitpunkt hat es auch immer weniger Sinn, in die Zukunft zu schauen. Du kannst nur jetzt leben und versuchen, jetzt alles so richtig wie möglich zu machen. Alles andere ergibt sich dann.

Habe ich die Antworten gefunden, die ich gesucht habe, als ich kaputt und verlassen am Boden lag? Ich weiß es nicht. Vier vielleicht.

Du weißt nie, was du würfelst. Entweder das Schicksal liebt dich, oder es hasst dich. Oder es ist so lala. Egal. Du musst das Beste daraus machen.

Das ist die eine Antwort.

Du darfst keine Fehler machen. Fehler rächen sich. Manche rächen sich gleich, das sind die guten. Manche rächen sich erst später, das sind die schlimmen. Das gilt nicht nur für das Backgammon, sondern auch für das Leben.

Die dritte Antwort habe ich in diesem Dylan-Song entdeckt, den ich gemeinsam mit Heller ins Deutsche übertragen habe. *Für immer jung.* Sie steht in der letzten Strophe.

Wannst dei Glick gerecht behandelst
Dann valossts di nie.

Du musst nur herausfinden, was es bedeutet, dein Glück gerecht zu behandeln, aber das schaffst du. Heller war damals gegen diese Formulierung, aber ich habe sie durchgesetzt.

Die vierte Antwort lautet:

Mal kannst du tun, was du willst, und alles läuft gut. Mal kannst du tun, was du willst, und alles läuft schlecht. Schuld und Sühne, ausgleichende Gerechtigkeit, wir haben das alles nur erfunden, um uns in dem Chaos, das wir Leben nennen, an etwas festhalten zu können.

Diese Antworten scheinen einander zu widersprechen, zumindest scheint die vierte den anderen zu widersprechen. Aber spielt das eine Rolle? Niemand weiß schließlich so genau, wie das Schicksal die Geschichten erzählt, die am Ende dein Leben sind.

Da fällt mir ein, heute habe ich noch einen Termin mit meiner Wundmanagerin wegen der offenen Wunden an meinen Füßen, die nicht heilen wollen. Da muss ein neuer Verband drauf.